胡适经典论丛

胡适

论治学

陈平原/选编

安徽教育出版社

图书在版编目（CIP）数据

胡适论治学 / 胡适著；陈平原选编. —合肥：安徽教育出版社，2006.11

（胡适经典论丛）

ISBN 7-5336-4544-8

Ⅰ.胡… Ⅱ.①胡…②陈… Ⅲ.胡适(1891～1962)-治学方法 Ⅳ.G795

中国版本图书馆 CIP 数据核字（2006）第 134170 号

选题策划：唐元明
责任编辑：唐元明
装帧设计：黄　彦
出版发行：安徽教育出版社(合肥市回龙桥路1号)
网　　址：http://www.ahep.com.cn
经　　销：新华书店
排　　版：安徽飞腾彩色制版有限责任公司
印　　刷：合肥义兴印务有限责任公司
开　　本：650×960　1/16
印　　张：15.25
字　　数：160 000
版　　次：2006 年 11 月第 1 版　2006 年 11 月第 1 次印刷
印　　数：4 000
定　　价：23.00 元

发现印装质量问题，影响阅读，请与我社发行部联系调换
电　话：(0551)2822632　　　　邮　编：230063

目　　录

导言 …………………………………… 陈平原(1)

介绍我自己的思想 ………………………………（1）
青年期逐渐领悟的治学方法 ……………………（17）

实验主义 …………………………………………（28）
《先秦名学史》导论　逻辑与哲学 ……………（72）
《中国哲学史大纲》导言 ………………………（79）

新思潮的意义 ……………………………………（102）
论国故学 …………………………………………（111）
《国学季刊》发刊宣言 …………………………（114）
古史讨论的读后感 ………………………………（129）
"研究国故"的方法 ………………………………（139）
再谈谈"整理国故"的方法 ……………………（143）

清代学者的治学方法 ……………………………（147）
读书 ………………………………………………（173）

治学的方法与材料 …………………………………… (182)
校勘学方法论 ………………………………………… (194)
考证学方法之来历 …………………………………… (207)
考据学的责任与方法 ………………………………… (214)
治学方法 ……………………………………………… (225)

导　言

陈平原

在中国现代学术思想史上,没有人比胡适更喜欢"介绍我自己的思想"了。少年得志,万众瞩目,再加上身处社会(知识)转型期,"先知先觉"的适之先生,于是再三强调"我要教人一个思想学问的方法"。这"科学方法"说来很简单,"只不过'尊重事实,尊重证据'";或者可以概括为"大胆的假设,小心的求证"十个字[①]。从一九一九年撰写《清代学者的治学方法》,到一九五二年在台湾大学作题为《治学方法》的连续演讲,胡适几十年金针度人,都是在"假设与求证"上做文章。"一以贯之"的好处是旗帜鲜明,以至今人一提到"科学方法",似乎便带上胡记的痕迹;褒贬暂且不论,单是一般读书人的这一最初印象,便足证胡适的成功。当然,这种高度化简因而便于传播和接受的"科学方法",从一开始提倡就受到不少专家的质疑。正因为如此,半个多世纪关于胡适学术功过的争论,往往围绕其"科学方法"展开。

胡适一生所写"注重学问思想的方法"的文章,据说总数约在百

---

① 胡适:《介绍我自己的思想》,《胡适文选》,上海:亚东图书馆,1930年;《治学的方法与材料》,《新月》1卷9号,1928年11月。

万言以上。这种统计当然是依照胡氏本人再三表白的,将其"用偷关漏税的方法,来做讲学问的方法的"小说考证包括在内①。一九二一年《胡适文存》首版,胡氏首次强调其各式各样的讲学文章,都可做方法论文章读,因"我的唯一的目的是注重学问思想的方法"②。晚年回首平生,胡氏依然提醒读者注意其著书立说均围绕"方法"打转,故"'方法'实在主宰了我四十多年来所有的著述"③。只是胡适在金针度人时,有时指的是思想原则,有时指的是治学方法,有时又力图把这两者结合起来。

胡适自述思想,总是强调赫胥黎和杜威的影响。前者的怀疑主义以及"拿证据来"口号,使其得以展开对中国传统思想文化的全面批判;后者的思想五步法,使其提出名扬四海的"大胆的假设,小心的求证"。可是,作为一种思想原则的"怀疑"与"评判"(相对于"迷信"与"盲从"),乃"五四"新文化运动的基本立场,不一定跟赫胥黎挂得上钩。连胡适论述"新思潮的精神是一种评判的态度时",引述的也是尼采的"从新估定一切价值"④。所谓摆脱古今中外的偶像,防止被各式各样权威"蒙着眼睛,牵着鼻子走",撇开具体语境及针对性,这只是新文化人普遍认可的怀疑精神;胡适的特出之处是把"做学问的方法"与"做人处事的态度"结合起来⑤。"把态度和方法连在一起说",强调"科学心态"(scientific attitude mind)和"思想习惯"(habit

---

① 胡适:《治学方法》,《胡适研究丛录》285 页,北京:三联书店,1989 年。
② 《〈胡适文存〉序例》,《胡适文存》一集,上海:亚东图书馆,1921 年。
③ 《胡适口述自传》105 页,北京:华文出版社,1992 年。
④ 胡适:《新思潮的意义》,《胡适文存》一集卷四 163 页、153 页。
⑤ 胡适在《介绍我自己的思想》中将"寻求事实,寻求真理"的"科学精神"、"只认得事实、只跟着证据走"的"科学态度"以及"大胆的假设,小心的求证"的"科学方法"三者并存陈说,作为其"教人一个思想学问的方法"的具体内涵。

of thought)的重要性,这点杜威、胡适师徒一脉相承①。不过,胡适之得以在中国思想学术界独树一帜,主要还是归功于其将杜威"思维术"与清人考据学巧妙地结合起来,弄出一套对于中国社会简直是"对症下药"、因而极其容易推广运用的"科学方法"。专家们尽可指手划脚说三道四,可"大胆的假设,小心的求证"作为这一科学方法的通俗表述,仍然不胫而走,成为上世纪中国最响亮的学术口号。

讲了一辈子"科学方法",可根基在一九一九年——那一年将作为胡适的"方法年"进入史册,此后的无数文章都不过是在此基础上引申发挥。年初出版的《中国哲学史大纲》卷上和年底发表的《新思潮的意义》,都涉及一点"科学方法"(比如"评判的态度"或"审定史料之法");可正面展开论述的当推《实验正义》、《少年中国之精神》、《论国故学》和《清代学者的治学方法》四文。正是在这四篇文章中,胡适将杜威的思维术和清代的考据学做了成功的"嫁接",为日后大张旗鼓"整理国故"准备了有效的理论武器。

杜威论思想,分作五步说:疑难的境地;指出疑难所在;假设解决方法;决定何者有效;证明。这五步中,关键在第三步,故"杜威一系的哲学家论思想的作用,最注意'假设'"②。随着胡适的兴奋点逐渐从介绍杜威思想转为提倡科学方法,"假设"与"求证"的位置发生微妙的变化。先是思想五步法被化简为重事实、重假设和重验证的科学方法三要旨,强调的是一切理想学说在未经验证之前,"都只是待证的假设"③。这一程序的转换,跟其时注重怀疑、反判权威的"新思

---

① 参阅周策纵《胡适风格——特论态度与方法》(《传记文学》1987年3期)所录胡适答周氏问"态度"信,以及对杜威《怎样思想》(*How We Think*)1910年初版本和1933年修订本如何论述"态度的重要"的介绍。

② 殷海光:《论"大胆假设小心求证"》,《思想与方法》158—159页,台北:文星书店,1964年。

③ 《少年中国之精神》,《少年中国》1卷1期,1919年7月。

潮"相吻合,且便于与胡适别有会心的考据学接榫。果然,在《论国故学》中,胡适表彰清儒的考据"暗合科学的方法",今后的任务只是如何"把'汉学家'所用的'不自觉的'方法变为'自觉的'"。清儒"有'科学'的精神",在胡适看来,此乃"中国学术史的一大转机"。除了赞扬其实证精神外,胡适当然也不会忘了指出汉学家"很能用假设"。于是,清代学者的治学方法,经过一番杜威思维术的洗礼,就成了如下两点:

(1)大胆的假设,(2)小心的求证。假设不大胆,不能有新发明。证据不充分,不能使人信仰。①

从"最注意假设"到"大胆假设小心求证",再到后来提出的不二法宝"拿证据来"②,胡适对"科学方法"的理解与阐扬,越来越偏向于实证。

这种误读,与胡适本人的学术根基在文史考据大有关系。早在接受杜威思维术或赫胥黎的存疑主义之前,胡适就对清人的治学方法感兴趣。《藏晖室札记》中记载早年考据文章的试作以及中外考据学思路的比较,都明显体现乾嘉学术的影响。杜威对有系统思想的分析,使得胡适加深了对科学研究基本步骤的理解;更重要的是,这让他悟出现代科学法则与古老中国的考证学在内在精神上是相通的。这一东西方治学方法原本一致的发现非同小可③,它既使胡适终生服膺的"科学方法"得以广泛传播,也使杜威的思维术和赫胥黎的怀疑说进入中国时几乎毫无阻力。借助于清儒家法来引进杜威和赫胥黎,这种东西合璧的"科学方法",自然只能以其最小公约数"实证"

---

① 《清代学者的治学方法》,《胡适文存》一集卷二 216 页、220 页、242 页。
② 《存疑主义》,《努力》23 期,1922 年 10 月。
③ 参阅《胡适口述自传》107—108 页。

为根基。

　　世人总是假定留学生长于西学而短于中学,归国之初,胡适喜谈考据,或许不无策略的考虑。这无疑是一着高棋,没人因此怀疑胡适对西洋哲学是否真的精通,只顾赞赏其"能兼治'汉学'"。蔡元培序《中国哲学史大纲》,首先指出的正是胡适的"禀有'汉学'的遗传性";而梁启超著《清代学术概论》,更断言其"亦用清儒方法治学,有正统派遗风"①。前辈名流的褒扬,使得新秀胡适迅速在学界站稳脚跟,可无形中也为其塑造了新旧兼通、少年老成的形象。为了满足这种社会期待,暴得大名的胡适自觉地日渐"汉学化"。别人犯点常识性错误问题不大,他胡适必须字字言之有据,免得留下千古笑柄。成为学术明星后,胡适治学日趋严谨,不大敢像早年那样"乱发议论"。三十年代还有些"小胆的假设"(如关于《醒世姻缘传》作者的考辨等)②,四十年代后则基本上只从事"小心的求证"。

　　自认有"历史考据癖"的胡适,愿意为庐山的一座塔费几千字的考据,或者为一部《水经注》的版权花二十年的功夫③,既然是"玩",全看个人兴致,旁人实在无权说三道四。只是由于胡适领袖群伦的特殊地位,连"玩考据"也得说成是学界的头等大事,这可就勉为其难了。晚年胡适花许多笔墨为自家研究《水经注》案辩解,可越说越不清楚。这也是名人的悲哀,公众的期待成为一种沉重的负担:学界领

---

①　蔡元培:《〈中国古代哲学史大纲〉序》,《中国哲学史大纲》卷上,上海:商务印书馆,1919年;梁启超:《清代学术概论》,《梁启超论清学史二种》6页,上海:复旦大学出版社,1985年。

②　《治学方法》中称其《红楼梦》自传说"是"小胆的假设",而关于蒲松龄著《醒世姻缘传》的猜测才是"大胆的假设"(《胡适研究丛录》283页、287页);在我看来,二者刚好相反。

③　参阅胡适的《庐山游记》(《新月》1卷3号,1928年5月)和《〈水经注〉考》(《胡适研究丛录》)。胡适屡言"治《水经注》五年",研究者则认定胡生命最后二十年的学术兴趣,重点在考此《水经注》案。参见费海玑《胡适著作研究论文集》,台湾:商务印书馆,1970年。

袖胡适既不敢"大胆假设",又无权只是"小心求证"。

二十年代著《戴东原的哲学》,胡适明显重"通核"而轻"据守"。承认"清儒治学最重立言其据"乃是其"绝大贡献",可不忘强调"心知其意,而一时寻不着证据"时,"不妨大胆提出假设,看他能不能解决困难,能不能贯串会通"①。这种"通核之学",必须有一点"高远的想象力",非只"勤谨和缓"四字诀所能囊括②。三十年代中期胡适曾批评罗尔纲《清代士大夫好利风气的由来》一文"题目根本就不能成立",因"我们做新史学的人,切不可这样胡乱作概括论断"。胡乱作概括论断当然不可取;可坚执"有几分证据说几分话",只能回避文献考订之外的所有"假设"。六天后胡适再次去信,其中一句话或许有助于我们对其心境和思路的理解:

> 凡治史学,一切太整齐的系统,都是形迹可疑的,因为人事从来不会如此容易被装进一个太整齐的系统里去。③

这话太像陈寅恪此前几年对其《中国哲学史大纲》的批评——"其言论愈有条理统系,则去古人学说之真相愈远"④,以至于令人怀疑二者之间有某种内在的联系。即使这只是巧合,三十年代日渐专业化的学术界,对胡适"高远的想象力"造成的压抑,几乎是不言而喻的。学术研究进入常规建设阶段,不像"五四"时期到处是吓人的"大假设"和"大结论";加上学界群雄并起,很难再允许谁独领风骚。胡适深知其中利害,治学时不免如履薄冰。

---

① 《戴东原的哲学》121页,上海:商务印书馆,1927年。
② "想像力"见《国学季刊发刊宣言》;"四字诀"参阅《论治学方法——给王重民的一封信》、《致陈之藩》和《〈水经注〉考》。
③ 参阅罗尔纲《师门辱教记》49—53页,桂林:建设书店,1944年。
④ 陈寅恪:《金明馆丛稿二编》247页,上海古籍出版社,1980年。

余英时曾指出兼长考证与义理的戴震,"对来自考证派方面的批评的敏感在他的心理上造成了高度的紧张";胡适似乎也有类似的表现。只是深爱义理的戴震,"时时有'超越的冲动';不甘心训诂字义自限"①;而以哲学为职业的胡适,则逐渐丧失提出"假设"的能力和愿望,陶醉于真能"拿证据来"的考据之学。这一点,胡适不如他为之辩诬的前辈先贤,也有违早年超越汉宋、会通中西的学术初衷。不过,倘因此认定胡氏的学术功过主要在考据②,则又言过其实。在我看来,尽管胡适的"历史考据癖"吸引过无数青年学子,其"拿证据来"的口号也曾响彻云天,但胡适对中国现代学术的贡献,仍以早年的"大胆假设"为主③。

胡适终生提倡"拿证据来",而且称其为"不单是研究史学的精神,更是伦理、道德乃至于宗教家的精神"④。早年靠这一口号"截断众流",撰写中国哲学史时从老子、孔子讲起,一时石破天惊;成名后也因这一口号"作茧自缠",不敢再挥动"开山斧",只顾摆弄自家喜欢的"绣花针"⑤。这就难怪,其扬名立万的《中国哲学史大纲》和《白话文学史》,永远只能是"卷上"了。真是"成也萧何,败也萧何"。

---

① 余英时:《论戴震与章学诚》102页,香港:龙门书店,1976年。
② 如冯友兰在《三松堂自序》(北京:三联书店,1984)中指出:胡适的《中国哲学史大纲》"既有汉学的长处又有汉学的短处"(223页);余英时的《中国近代思想史上的胡适》(台北:联经出版公司,1984)也认定:"胡适学术的起点和终点都是中国的考证学"(72页)。另外,上世纪五十年代中国大陆的"胡适批判",其中一个重要项目便是其考据学方法(参阅三联书店出版的八辑《胡适思想批判》)。
③ 在拙著《中国现代学术之建立》(北京大学出版社,1998)第五章"作为新范式的文学史研究"中,我曾详细论证"胡适研究中国文学史的基本思路,或者说其主要假设,不外乎'双线文学观念'、'历史演进法'和《红楼梦》自传说;再就是孕育和推广这些'假设'的'文学革命'和'整理国故'"。
④ 参阅胡颂平编《胡适之先生年谱长编初稿》2378页,台北:联经出版公司,1984年。
⑤ 1922年初,胡适对自己撰写并出版了《章实斋先生年谱》甚是得意,在日记中写下这么一段:"用大刀阔斧的人也须要有拿得起绣花针儿的本领。我这本《年谱》虽是一时高兴之作,他却也给了我一点拿绣花针的训练。"(《胡适的日记》273页,北京:中华书局,1985)

记得熊十力和吕思勉都曾称道"五四"运动后胡适提倡科学方法的意义,但又担心世人过分迷信方法;因为,对于读书人来说,不讲门径不行,太讲门径同样有问题①。在《超越规则》一文中,我曾对熊、吕二说做了如下发挥:"读书讲门径没错,错在以为有了'科学方法',就可以'不甚下切实工夫'。治学讲方法守规则,容易入门上路;可万事都是'纸上得来终觉浅',别以为识得门径就能做出大学问。有时候'门径'还真误人,'野狐禅'虽说狂放,背地里其实心虚;而讲门径者以为得真传,学统在此,不免刚愎自用,更难得'大器',一入歧途便不可救药。"②十多年过去了,重读旧文,我不改初衷——尤其是编订《胡适论治学》一书,更希望读者对于书中各文,既欣赏,也质疑。

　　需要说明的是,本书选录胡适"论治学"的长短文章十八则,大致指向以下三个关键话题:学术经历的自述;国故研究的提倡;科学方法的阐扬。以"明白清楚"见长的胡文,对于一般读者来说,没有什么阅读障碍。因此,我的序言也就只好"说开去"。这么处置,不求有功,能避免"佛头着粪"之讥,已于愿足矣。

2006年2月16日,于京西圆明园花园连缀旧文而成

---

　　① 参见熊十力《纪念北京大学五十年并为林宰平祝嘏》,《十力语要初续》17页,台北:洪氏出版社,1977年;吕思勉《〈经子解题〉自序》,《论学集林》209页,上海教育出版社,1987年。

　　② 参见拙文《超越规则》,《读书》1992年12期。

介绍我自己的思想[*]

——《胡适文选》自序

我在这十年之中,出版了三集《胡适文存》,约计有一百四五十万字。我希望少年学生能读我的书,故用报纸印刷,要使定价不贵。但现在三集的书价已在七元以上,贫寒的中学生已无力全买了。字数近百五十万,也不是中学生能全读的了。所以我现在从这三集里选出了二十二篇论文,印作一册,预备给国内的少年朋友们作一种课外读物。如有学校教师愿意选我的文字作课本的,我也希望他们用这个选本。

我选的这二十二篇文字,可以分作五组。

第一组六篇,泛论思想的方法。

第二组三篇,论人生观。

第三组三篇,论中西文化。

第四组六篇,代表我对于中国文学的见解。

第五组四篇,代表我对于整理国故问题的态度与方法。

为读者的便利起见,我现在给每一组作一个简短的提要,使我的少年朋友们容易明白我的思想的路径。

---

[*] 收入《胡适文选》1930 年 12 月上海亚东图书馆初版。

一

第一组收的文字是：
演化论与存疑主义
杜威先生与中国
杜威论思想
问题与主义
新生活
新思潮的意义

我的思想受两个人的影响最大：一个是赫胥黎，一个是杜威先生。赫胥黎教我怎样怀疑，教我不信任一切没有充分证据的东西。杜威先生教我怎样思想，教我处处顾到当前的问题，教我把一切学说理想都看作待证的假设，教我处处顾到思想的结果。这两个人使我明了科学方法的性质与功用，故我选前三篇介绍这两位大师给我的少年朋友们。

　　从前陈独秀先生曾说实验主义和辨证法的唯物史观是近代两个最重要的思想方法，他希望这两种方法能合作一条联合战线。这个希望是错误的。辨证法出于海格尔的哲学，是生物进化论成立以前的玄学方法。实验主义是生物进化论出世以后的科学方法。这两种方法所以根本不相容，只是因为中间隔了一层达尔文主义。达尔文的生物演化学说给了我们一个大教训：就是教我们明了生物进化，无论是自然的演变，或是人为的选择，都由于一点一滴的变异，所以是一种很复杂的现象，决没有一个简单的目的地可以一步跳到，更不会有一步跳到之后可以一成不变。辨证法的哲学本来也是生物学发达以前的一种进化理论；依他本身的理论,这个一正一反相毁相成的阶段应该永远不断的呈现。但狭义的共产主义者却似乎忘了这个原则,所以武断的虚悬一个共产共有的理想境界,以为可以用阶级斗争的方法一蹴即到,既到之后又可以用一阶级专政方法把持不变。这样的化复杂为简单,这样的根本否定演变的继续便是十足的达尔文以前的武断思想,比那顽固的海格尔更顽固了。

实验主义从达尔文主义出发,故只能承认一点一滴的不断的改进是真实可靠的进化。我在《问题与主义》和《新思潮的意义》两篇里,只发挥这个根本观念。我认定民国六年以后的新文化运动的目的是再造中国文明,而再造文明的途径全靠研究一个个的具体问题。我说:

> 文明不是拢统造成的,是一点一滴的造成的。进化不是一晚上拢统进化的,是一点一滴的进化的。现今的人爱谈"解放"与"改造",须知解放不是拢统解放,改造也不是拢统改造。解放是这个那个制度的解放,这种那种思想的解放,这个那个人的解放:都是一点一滴的解放。改造是这个那个制度的改造,这种那种思想的改造,这个那个人的改造:都是一点一滴的改造。
>
> 再造文明的下手工夫是这个那个问题的研究。再造文明的进行是这个那个问题的解决。(页六八)

我这个主张在当时最不能得各方面的了解。当时(民国八年)承"五四"、"六三"之后,国内正倾向于谈主义。我预料到这个趋势的危险,故发表"多研究些问题,少谈些主义"的警告。我说:

> 凡是有价值的思想，都是从这个那个具体的问题下手的。先研究了问题的种种方面的种种事实，看看究竟病在何处，这是思想的第一步工夫。然后根据于一生的经验学问，提出种种解决的方法，提出种种医病的丹方，这是思想的第二步工夫。然后用一生的经验学问，加上想像的能力，推想每一种假定的解决法应该可以有什么样的效果，更推想这种效果是否真能解决眼前这个困难问题。推想的结果，拣定一种假定的解决，认为我的主张，这是思想的第三步工夫。凡是有价值的主张，都是先经过这三步工夫来的。（页三六）

我又说：

> 一切主义，一切学理，都该研究。但只可认作一些假设的见解，不可认作天经地义的信条；只可认作参考印证的材料，不可奉为金科玉律的宗教；只可用作启发心思的工具，切不可用作蒙蔽聪明，停止思想的绝对真理。如此方才可以渐渐养成人类的创造的思想力，方才可以渐渐使人类有解决具体问题的能力，方才可以渐渐解放人类对于抽象名词的迷信。（页五〇）

这些话是民国八年七月写的。于今已隔了十几年，当日和我讨论的朋友，一个已被杀死了，一个也颓唐了，但这些话字字句句都还可以应用到今日思想界的现状。十几年前我所预料的种种危险，——"目的热"而"方法盲"，迷信抽象名词，把主义用作蒙蔽聪明停止思想的绝对真理，————都显现在眼前了。所以我十分诚恳的把这些老话贡献给我的少年朋友们，希望他们不可再走错了思想的路子。

《新生活》一篇,本是为一个通俗周报写的;十几年来,这篇短文走进了中小学的教科书里,读过的人应该在一千万以上了。但我盼望读过此文的朋友们把这篇短文放在同组的五篇里重新读一遍。赫胥黎教人记得一句"拿证据来!"我现在教人记得一句"为什么?"少年的朋友们,请仔细想想:你进学校是为什么?你进一个政党是为什么?你努力做革命工作是为什么?革命是为了什么而革命?政府是为了什么而存在?

请大家记得:人同畜生的分别,就在这个"为什么"上。

二

第二组的文字只有三篇:

《科学与人生观》序

不朽

易卜生主义

这三篇代表我的人生观,代表我的宗教。

《易卜生主义》一篇写的最早,最初的英文稿是民国三年在康奈尔大学哲学会宣读的,中文稿是民国七年写的。易卜生最可代表十九世纪欧洲的个人主义的精华,故我这篇文章只写得一种健全的个人主义的人生观。这篇文章在民国七八年间所以能有最大的兴奋作用和解放作用,也正是因为它所提倡的个人主义在当日确是最新鲜又最需要的一针注射。

娜拉抛弃了家庭丈夫儿女,飘然而去,只因为她觉悟了她自己也是一个人,只因为她感觉到她"无论如何,务必努力做一个人"。这便是易卜生主义。易卜生说:

> 我所最期望于你的是一种真实纯粹的为我主义,要使你有时候觉得天下只有关于你的事最要紧,其余的都算不得什么。……你要想有益于社会,最好的法子莫如把你自己这块材料铸造成器……有的时候我真觉得全世界都像海上撞沉了船,最要紧的还是救出自己。(页一三〇)

这便是最健全的个人主义。救出自己的唯一法子便是把你自己这块材料铸造成器。

把自己铸造成器,方才可以希望有益于社会。真实的为我,便是最有益的为人。把自己铸造成了自由独立的人格,你自然会不知足,不满意于现状,敢说老实话,敢攻击社会上的腐败情形,做一个"贫贱不能移,富贵不能淫,威武不能屈"的斯铎曼医生。斯铎曼医生为了说老实话,为了揭穿本地社会的黑幕,遂被全社会的人喊作"国民公敌"。但他不肯避"国民公敌"的恶名,他还要说老实话。他大胆的宣言:

> 世上最强有力的人就是那最孤立的人!

这也是健全的个人主义的真精神。

这个个人主义的人生观一面教我们学娜拉,要努力把自己铸造成个人;一面教我们学斯铎曼医生,要特立独行,敢说老实话,敢向恶势力作战。少年的朋友们,不要笑这是十九世纪维多利亚时代的陈腐思想!我们去维多利亚时代还老远哩。欧洲有了十八九世纪的个人主义,造出了无数爱自由过于面包,爱真理过于生命的特立独行之士,方才有今日的文明世界。

现在有人对你们说:"牺牲你们个人的自由,去求国家的自由!"我对你们说:"争你们个人的自由,便是为国家争自由!争你们自己的人格,便是为国家争人格!自由平等的国家不是一群奴才建造得起来的!"

《科学与人生观序》一篇略述民国十二年的中国思想界里的一场大论战的背景和内容。(我盼望读者能参读《文存》三集里《几个反理学的思想家》的吴敬恒一篇,页一五一——一八六。)在此序的末段,我提出我所谓"自然主义的人生观"(页九二—九五)。这不过是一个轮廓,我希望少年的朋友们不要仅仅接受这个轮廓,我希望他们能把这十条都拿到科学教室和实验室里去细细证实或否证。

这十条的最后一条是:

> 根据于生物学及社会学的知识,叫人知道个人——"小我"——是要死灭的,而人类——"大我"——是不死的,不朽的;叫人知道"为全种万世而生活"就是宗教,就是最高的宗教;而那些替个人谋死后的天堂净土的宗教乃是自私自利的宗教。

这个意思在这里说的太简单了,读者容易起误解。所以我把《不朽》一篇收在后面,专说明这一点。

我不信灵魂不朽之说,也不信天堂地狱之说,故我说这个小我是会死灭的。死灭是一切生物的普遍现象,不足怕,也不足惜。但个人自有他的不死不灭的部分:他的一切作为,一切功德罪恶,一切语言行事,无论大小,无论善恶,无论是非,都在那大我上留下不能磨灭的结果和影响。他吐一口痰在地上,也许可以毁灭一村一族。他起一个念头,也许可以引起几十年的血战。他也许"一言可以兴邦,一言可以丧邦"。善亦不朽,恶亦不朽;功盖万世固然不朽,种一担谷子也可以不朽,喝一杯酒,吐一口痰也可以不朽。古人说,"一出言而不敢忘父母,一举足而不敢忘父母。"我们应该说,"说一句话而不敢忘这句话的社会影响,走一步路而不敢忘这步路的社会影响。"这才是对于大我负责任。能如此做,便是道德,便是宗教。

这样说法,并不是推崇社会而抹煞个人。这正是极力抬高个人的重要。个人虽渺小,而他的一言一动都在社会上留下不朽的痕迹,芳不止流百世,臭也不止遗万年,这不是绝对承认个人的重要吗?成功不必在我,也许在我千百年后,但没有我也决不能成功。毒害不必在眼前,"我躬不阅,遑恤我后"!然而我岂能不负这毒害的责任?今日的世界便是我们的祖宗积的德,造的孽。未来的世界全看我们自己积什么德或造什么孽。世界的关键全在我们手里,真如古人说的"任重而道远",我们岂可错过这绝好的机会,放下这绝重大的担子?

有人对你说,"人生如梦"。就算是一场梦罢,可是你只有这一个做梦的机会。岂可不振作一番,做一个痛痛快快轰轰烈烈的梦?

有人对你说,"人生如戏"。就说是做戏罢,可是,吴稚晖先生说的好,"这唱的是义务戏,自己要好看才唱的;谁便无端的自己扮做跑龙套,辛苦的出台,止算做没有呢?"

其实人生不是梦,也不是戏,是一件最严重的事实。你种谷子,便有人充饥;你种树,便有人砍柴,便有人乘凉;你拆烂污,便有人遭瘟;你放野火,便有人烧死。你种瓜便得瓜,种豆便得豆,种荆棘便得荆棘。少年的朋友们,你爱种什么?你能种什么?

三

第三组的文字,也只有三篇:

我们对于西洋近代文明的态度

漫游的感想

请大家来照照镜子

在这三篇里,我很不客气的指摘我们的东方文明,很热烈的颂扬西洋的近代文明。

人们常说东方文明是精神的文明,西方文明是物质的文明,或唯物的文明。这是有夸大狂的妄人捏造出来的谣言,用来遮掩我们的羞脸的。其实一切文明都有物质和精神的两部分:材料都是物质的,而运用材料的心思才智都是精神的。木头是物质;而剡木为舟,构木为屋,都靠人的智力,那便是精神的部分。器物越完备复杂,精神的因子越多。一只蒸汽锅炉,一辆摩托车,一部有声电影机器,其中所含的精神因子比我们老祖宗的瓦罐,大车,毛笔多的多了。我们不能坐在舢板船上自夸精神文明,而嘲笑五万吨大汽船是物质文明。

但物质是倔强的东西,你不征服他,他便要征服你。东方人在过去的时代,也曾制造器物,做出一点利用厚生的文明。但后世的懒惰子孙得过且过,不肯用手用脑去和物质抗争,并且编出"不以人易天"的懒人哲学,于是不久便被物质战胜了。天旱了,只会求雨;河决了,只会拜金龙大王;风浪大了,只会祷告观音菩萨或天后娘娘。荒年了,只好逃荒去;瘟疫来了,只好闭门等死;病上身了,只好求神许愿。树砍完了,只好烧茅草;山都精光了,只好对着叹气。这样又愚又懒的民族,不能征服物质,便完全被

压死在物质环境之下,成了一分像人九分像鬼的不长进民族。所以我说:

> 这样受物质环境的拘束与支配,不能跳出来,不能运用人的心思智力来改造环境改良现状的文明,是懒惰不长进的民族的文明,是真正唯物的文明。(页一五四)

反过来看看西洋的文明,

> 这样充分运用人的聪明智慧来寻求真理以解放人的心灵,来制服天行以供人用,来改造物质的环境,来改革社会政治的制度,来谋人类最大多数的最大幸福,——这样的文明是精神的文明。(页一五五)

这是我的东西文化论的大旨。

少年的朋友们,现在有一些妄人要煽动你们的夸大狂,天天要你们相信中国的旧文化比任何国高,中国的旧道德比任何国好。还有一些不曾出国门的愚人鼓起喉咙对你们喊道,"往东走!往东走!西方的这一套把戏是行不通的了!"

我要对你们说:不要上他们的当! 不要拿耳朵当眼睛! 睁开眼睛看看自己,再看看世界。我们如果还想把这个国家整顿起来,如果还希望这个民族在世界上占一个地位,——只有一条生路,就是我们自己要认错。我们必须承认我们自己百事不如人,不但物质机械上不如人,不但政治制度不如人,并且道德不如人,知识不如人,文学不如人,音乐不如人,艺术不如人,身体不如人。

肯认错了,方才肯死心塌地的去学人家。不要怕模仿,因为模仿是创造的必要预备工夫。不要怕丧失我们自己的民族文化，因为绝大多数人的惰性已尽够保守那旧文化了，用不着你们少年人去担心。你们的职务在进取，不在保守。

请大家认清我们当前的紧急问题。我们的问题是救国，救这衰病的民族，救这半死的文化。在这件大工作的历程里，无论什么文化，凡可以使我们起死回生，返老还童的，都可以充分采用，都应该充分收受。我们救国建国，正如大匠建屋，只求材料可以应用，不管他来自何方。

四

第四组的文字有六篇：

建设的文学革命论

《尝试集》自序

文学进化观念

国语的进化

文学革命运动

《词选》自序

这里有一部分是叙述文学革命运动的经过的，有一部分是我自己对于文学的见解。

我在这几十年的中国文学革命运动上，如果有一点点贡献，我的贡献只在：

(1)我指出了"用白话作新文学"的一条路子。（页一九四—二〇三；页二三八—二四〇；页二七七—二八三）

(2)我供给了一种根据于历史事实的中国文学演变论，使人明了国语是古文的进化，使人明了白话文学在中国文学史上占什

么地位。(页二四二—二八四;页三〇四—三〇九)

(3)我发起了白话新诗的尝试。(页二一七—二四一)

这些文字都可以表出我的文学革命论也只是进化论和实验主义的一种实际应用。

五

第五组的文字有四篇:

《国学季刊》发刊宣言

古史讨论的读后感

《红楼梦》考证

治学的方法与材料

这都是关于整理国故的文字。

《季刊宣言》是一篇整理国故的方法总论,有三个要点:

第一,用历史的眼光来扩大研究的范围。

第二,用系统的整理来部勒研究的资料。

第三,用比较的研究来帮助材料的整理与解释。

这一篇是一种概论,故未免觉的太悬空一点。以下的两篇便是两个具体的例子,都可以说明历史考证的方法。

《古史讨论》一篇,在我的《文存》里要算是最精彩的方法论。这里面讨论了两个基本方法:一个是用历史演变的眼光来追求传说的演变,一个是用严格的考据方法来评判史料。

顾颉刚先生在他的《古史辨》的自序里曾说他从我的《〈水浒传〉考证》和《井田辨》等文字里得着历史方法的暗示。这个方法便是用历史演化的眼光来追求每一个传说演变的历程。我考证《水浒》的故事,包公的传说,狸猫换太子的故事,井田的制度,都用这个方法。顾先生用这方法来研究中国古史,曾有很好的成绩。顾先生说的最好:"我们看史迹的整理还轻,而看传说的经历却重。凡是一件史事,应看他最先是怎样,以后逐步逐步的变迁是怎样。"其实对于纸上的古史迹,追求其演变的步骤,便是整理他了。

在这篇文字里,我又略述考证的方法,我说:

> 我们对于"证据"的态度是:一切史料都是证据。但史家要问:
> (1)这种证据是在什么地方寻出的?
> (2)什么时候寻出的?
> (3)什么人寻出的?
> (4)依地方和时候上看起来,这个人有做证人的资格吗?
> (5)这个人虽有证人资格,而他说这句话时有作伪(无心的,或有意的)的可能吗?(页三四八——三四九)

《〈红楼梦〉考证》诸篇只是考证方法的一个实例。我说:

> 我觉得我们做《红楼梦》的考证,只能在"著者"和"本子"两个问题上着手;只能运用我们力所能搜集的材料,参考互证,然后抽出一些比较的最近情理的结论。这是考证学的方法。我在这篇文章里,处处想撇开一切先入的成见,处处存一个搜求证据的目的,处处尊重证据,让证据做向导,引我到相当的结论上去。(页四一一——四一二)

这不过是赫胥黎、杜威的思想方法的实际应用。我的几十万字的小说考证,都只是用一些"深切而著明"的实例来教人怎样思想。

试举曹雪芹的年代一个问题作个实例。民国十年,我收得了一些证据,得着这些结论:

我们可以断定曹雪芹死于乾隆三十年左右(约西历1765)。……我们可以猜想雪芹大约生于康熙末叶(约1715—1720),当他死时,约五十岁左右。(页三八三)

民国十一年五月,我得着了《四松堂集》的原本,见敦诚挽曹雪芹的诗题下注"甲申"二字,又诗中有"四十年华"的话,故修正我的结论如下:

曹雪芹死在乾隆二十九年甲申(1764)……他死时只有"四十年华",我们可以断定他的年纪不能在四十五岁以上。假定他死时年四十五岁,他的生时当康熙五十八年(1719)(页四二〇)。

但到了民国十六年,我又得了脂砚斋评本《石头记》,其中有"壬午除夕,书未成,芹为泪尽而逝"的话。壬午为乾隆二十七年,除夕当西历1763年二月十二日,和我七年前的断定("乾隆三十年左右,约西历1765")只差一年多。又假定他活了四十五岁,他的生年大概在康熙五十六年(1717),这也和我七年前的猜测正相符合。(页四三三)

考证两个年代,经过七年的时间,方才得着证实。证实是思想方法的最后又最重要的一步不曾证实的理论,只可算是假设;证实之后,才是定论,才是真理。我在别处(《文存》三集,页二七三)说过:

我为什么要考证《红楼梦》?

在消极方面,我要教人怀疑王梦阮、徐柳泉一班人的谬说。

在积极方面,我要教人一个思想学问的方法。我要教人疑而后信,考而后信,有充分证据而后信。

我为什么要替《水浒传》作五万字的考证?我为什么要替庐山一个塔作四千字的考证?

我要教人知道学问是平等的,思想是一贯的。……肯疑问"佛陀耶舍究竟到过庐山没有"的人,方才肯疑问"夏禹是神是人"。有了不肯放过一个塔的真伪的思想习惯,方才敢疑上帝的有无。

少年的朋友们,莫把这些小说考证看作我教你们读小说的文字。这些都只是思想学问的方法的一些例子。在这些文字里,我要读者学得一点科学精神,一点科学态度,一点科学方法。科学精神在于寻求事实,寻求真理。科学态度在于撇开成见,搁起感情,只认得事实,只跟着证据走。科学方法只是"大胆的假设,小心的求证"十个字。没有证据,只可悬而不断;证据不够,只可假设,不可武断;必须等到证实之后,方才奉为定论。

少年的朋友们,用这个方法来做学问,可以无大差失;用这种态度来做人处事,可以不至于被人蒙着眼睛牵着鼻子走。

从前禅宗和尚曾说,"菩提达摩东来,只要寻一个不受人惑的人。"我这里千言万语,也只是要教人一个不受人惑的方法。被孔丘、朱熹牵着鼻子走,固然不算高明;被马克思、列宁、斯大林牵着鼻子走,也算不得好汉。我自己决不想牵着谁的鼻子走。我只希望尽我的微薄的能力,教我的少年朋友们学一点防身的本领,努力做一个不受人惑的人。

抱着无限的爱和无限的希望,我很诚挚的把这一本小书贡献给全国的少年朋友!

> 十九,十一,二十七晨二时,
> 将离开江南的前一日。胡适

青年期逐渐领悟的治学方法*

这一章或者可以叫做"我青年时期所逐渐领悟的治学方法"。

在此次录音之前我便在想,我的治学方法是从什么地方、哪一本书和哪一位老师学到的呢?对于这个问题,我实找不到一个确切的答案。我的治学方法似乎是经过长期琢磨,逐渐发展出来的。它的根源似乎可以一直追溯到我十来岁的初期。在我用中文撰写的《〔四十〕自述》里,我就说过我十几岁的时候,便已有好怀疑的倾向;尤其是关于宗教方面。我对许多问题存疑;我〔尤其〕反对迷信鬼神。我对我的文化生活,乃至日常生活中的一切理论、记载和事实,如一有怀疑,也都要予以批判来证明或反证明。这都是由于我的怀疑的倾向所致。

所以纵使我才十几岁的时候,我已经在寻觅一个能解决我怀疑的方法。

远在一九一〇年,我第一次接触到汉朝的古典治学方法——这个较早期的古典学术,所谓"汉学"。那是和后来偏重于哲学性诠释的"宋学",截然不同的。我国近三百年来学术的发展,一般

---

* 本文为胡适口述、唐德刚记录整理的《胡适口述自传》一书的第六章。

都叫做"汉学复兴"。这种说法在我看是不很切当的。我国以前就没有一本中国古典学术史是用现代的观点和批判的方法写出的。所以〔汉代著作中〕所用的许多不同的专门名称或名词都有点名实不符。

我个人认为近三百年来〔学术方法上所通行〕的批判研究,实是自北宋——第十至第十二世纪之间——开始,其后历经八百余年逐渐发展出来的批判方法,累积的结果。这都可远溯至中国考古学兴起的初期。由于考古知识的逐渐累积,古代的残简、旧稿,乃至古墓里出土的金石、砖瓦等文物,和这些文物上所印刻的文字和花纹的拓片或摹拟等等,均逐渐被发展成历史工具来校勘旧典籍。这便是批判的治学方法的起源。这一段史实,再度支持了杜威的理论。杜威认为一切有系统的思想和批判的法则,都是在一种怀疑状态之下产生的。也就是说在一些史籍上发现了可疑之处;例如一个时间上的差异,和史迹上有些不符之处,使学者难以置信。

所以近三百年来这种批判研究的学术——如研究有关古籍版本的真伪,和内容的正讹的"校勘学",和研究古籍中文字的原义的"训诂学"等等——都有了更迅速的发展。在这些方面的研究,更发展出一个较概括的学术名词叫"考据学"或"考证学"。这也便是我在上章所说的,译成英文〔或白话〕,便叫做"有证据的探讨"。

前面已经提过,我对较早期发展的〔汉〕学,于一九一〇年才开始接触。在此之前的七百年中,中国的社会、学校、村塾、家学中的教学和研究,一直都以宋儒朱熹(一一三〇——一二〇〇)的权威理论为依归。七百年来,国人对古典——尤其是《四书》和另外数种重要典籍——的研究,大体都承认宋儒的注释是最具权威性的。

但是当我于一九一〇年在北京参加庚款留美考试时,招待我的杨景苏先生原是我二哥的同学,我就住在他家里。杨君告我不要专读宋儒的著作;对汉唐诸儒所致力的《十三经注疏》也应稍事涉猎。所以我也就买了一套该书的石印本,携来美国。在我留美期间,当我想读点中国书籍的时候,我就读了些宋人以前〔注释〕的旧典籍,尤其是〔《十三经注疏》中的〕《诗经》。

但是使我惊异的却是我自己对郑玄(康成)和毛公(毛苌)两位汉学大师也感到不满。郑康成死于公元二〇〇年,比朱熹整整早一千年。今日回思,我想我那时是被宋儒陶醉了。我幼年期所读的〔《四书》、《五经》〕一直是朱熹注。我也觉得朱注比较近情入理。因而当我接触到毛公、郑玄一派的注释时,我为他们〔汉、宋〕两派之间显明的差异炫惑了;所以才引起我自己企图来写点批判性的文章。这些文章也显示出我幼年期以批判法则治学的精神;我把它叫作考订古文字真义的"归纳法"。在一九一一年五月十一日,那时我才十九岁零五个月,我写了一篇论文。这篇论文的内容实在不是完全从康乃尔大学学到的。这篇文章后来收集在我的《文存》里;也是我《文存》中著作最早的一篇。

《诗三百篇言字解》

这篇文章是有关一个"言"字意义的诠释。根据汉儒的解释,"言"字的意思原与第一人称代名词"我"同义。〔《尔雅》上说,"卬、吾、台、予、朕、身、甫、余、言,我也。"〕〔汉儒〕根据古字典作这样解释,我实在不能接受。在我那篇《诗三百篇言字解》的文章里,我指出《尔雅》并非古字典。其书殆出于汉儒之手,〔如"方言"、"急就"之流。盖说经之家，纂集博士解诂，取便检点，后人缀辑旧文，递相增益，遂傅会古《尔雅》，谓出周、孔，成于子夏耳。今观《尔雅》一书，其释经者居其泰半，其说或合于毛，或合于郑，或合于何休、孔安国。似《尔雅》实成于说经之家，而非说经之家引据《尔雅》也。鄙意以为《尔雅》既不足据，则研经者宜从经入手，以经解经，参考互证，可得其大旨。此西儒归纳论理之法也。（见《诗三百篇言字解》，《胡适文存》一集卷二）〕所以我认为汉儒用这个古典去解经是靠不住的。

在这篇文章里，至少也可看出我自己治学怀疑的精神。

在否定这一古字典的权威之后，我就用一种我叫它作"归纳论理法"，把《诗经》上所有"言"字的用法，归纳在一起。这办法就是我所说的"以经解经"的办法。把这些"言"字在不同的辞句里的用法比较、印证之后，便可找出更自然、更近情理，也更能被人接受的意义了。

就在一九一一年五月十一日那一天，我忽然灵机一动，体会出"言"字在《诗经》上多半是夹在两个动词之间使用；发生一个"连接词"（conjunction）〔严复译为"挈合词"，马建忠译为"连字"〕的作用，颇像古文中的"而"字。"言"字是个"连接词"便是我那篇文章的结论。因此〔古籍中的〕"醉言舞"、"醉言归"的真正意思，便是简单的"醉而舞"和"醉而归"了。

我下此结论之时，实远在我读到王念孙之子王引之的名著《经传释辞》之前。这家王氏父子是中国"校勘学"和"训诂学"里最具权威的两位学者。

王念孙为十八世纪另一位权威大儒戴震（东原，一七二二——一七七七）的弟子。戴震死于一七七七年。我作《言字解》时，尚不知王引之对古文"虚字"的研究。当我后来看过他的著作，我才欣然发现我们所用的方法原是一样的。这些〔乾嘉〕大儒他们所用的中国固有古典训练中归纳比较的方法,也是极其严谨的和极其科学的。但是我国传统的学者却缺少一种在不同语言中作比较文法的研究。他们只能说"言"字是个"虚字",而说不出它是〔《尔雅》上弄错了的〕"代名词"。他们不能像我一样能找出这个重要的字在文法上所发生的〔连接〕的作用。

我举出以上的例子来说明我那时对归纳法已经发生了兴趣,也有所了解;至少我已经知道了"归纳法"这个辞汇了。同时我也完全掌握了以中国文法与外语文法作比较研究的知识而受其实惠。

我想我在赴美留学之前,我一定已经受了一本研究〔汉文〕文法的权威著作的影响,那便是马建忠所著的《马氏文通》。马建忠是我国早期的留欧学生。他不但通法文,对拉丁文也有研究。《马氏文通》这本权威著作便是他和他弟弟马良(相伯)合著的。他二人所用的便是归纳法;把文字上相同的句子归纳起来,然后再对字义作出结论。

后来我曾批评马氏之书,写作时〔作者对其资料〕缺少历史性的处理(historical approach)。他兄弟二人把文字上相同的例子归纳起来研究的办法是无可非议的;不过他们写书时缺乏历史概念。须知文法和语言文字本身一样都是随时间和空间变迁的。一个研究者要注意到他的研究对象上历史和地理的因素。经过数千年的演变,各地区各时代方言的文法可能皆各有不同,不可一概而论。所以马建忠举《诗经》和《论语》上的例句和唐代散文大家韩愈文章里的例子来比较研究就不准确了。但是我显然是受了马氏归纳法的影响,知道先归纳相似的例句,分析比较,然后再求其有概括性的结论。

《尔汝篇》和《吾我篇》

我在后来又写了两篇〔类似的文章〕,内容比较就更有进步了。作《言字解》之后五年,我在日记上对古文中所用的第二人称代名词的"尔"和"汝"两字也作了一番研究。在一九一六年六月七日的日记上,对这个问题,我便写了一大段。我记道:"尔、汝二字,古人用之之法,颇有足资研究者。余一日已睡,忽思及此二字之区别,因背诵《论语》中用此二字之句,细细较之,始知二字果大有区别。明日以《檀弓》证之尤信。"(见《留学日记》一九一六年六月七日。)

《檀弓》在语言学上说是与《论语》同时的作品。在我考查《檀弓》上"尔"、"汝"二字用法之后,我觉得此第二人称的两个代名词的用法是颇有不同的。《马氏文通》的作者忽略了历史上的变化,把相隔一千五百余年的两个时代里不同的句子,混在一起来比较研究,他们之间的差异便被不经意地忽略了。所以我说在孔子时代的语言里,那个用作〔第二〕人称代名词的"汝",和有一定用法,置于名词之前便用成第二人称所有格代名词的"尔"——"你的",是有绝对区别的。我同时也指出,在孔子后二百年的孟子时代,这一分别便逐渐模糊了。

在撰《尔汝篇》的数月之后,我在日记上又写了一大段有关第一人称代名词"吾"和"我"的分别。我又举出许多例句,把古今不同的用法作一比较研究。我也发现孔子时代的用法和两千五百年后的用法也大不相同。在孔子的时代,那个第一人称代名词"我"便常时被用成所有格,作"我的"解;"吾"则专用于主格。再者,"我"字亦常被用于受事格〔也就是英文里的 me〕;虽然在特殊情况下"我"有时也被用作主格的。所以我又发现了《马氏文通》的不正确。它不正确的原因,便是作者忽略了历史性的变迁。

举个例子来说,那个第一人称代名词的"吾"在《诗经》上便根本没有出现过。只有"我"字在第一人称中,四格——主格、宾格、所有格和受事格——通用。这一现象的可能解释,便是当《诗经》在最后成书阶段之时,"吾"和"我"的分别已不复存在了。这可能是时代的关系,也可能是区域的关系。当《诗经》在某一区域最后定稿成书之时,该区域的方言里,第一人称的"我"是四格通用的。但是到今天为止,还没有人对《诗经》何以不用"吾"字,能作出满意的解释。

我所要说明的便是在我于一九一一和一九一六年所写的三篇文章里,我的首要兴趣便是归纳法;也就是把相同的和不同的例子归纳起来加以比较研究,以求其概括性的结论。那也是我第一次企图发展我自己的治学方法。我那研究代名词的两篇文章〔《尔汝篇》和《吾我篇》〕,都说明了我对时代变迁所影响的语言和文法上变化的研究兴趣。这两个有关代名词的长篇,后来我都把它们改写成论文,并发表于《留美学生季报》〔(一九一七年三月,四卷一期,页一四一二五)〕。其后《北大日刊》也加以转载;最后也收入我的《胡适文存》〔(卷二,页二四三一二五四)〕。

论"校勘"、"训诂"之学

我举出上述三篇文章来说明在我当学生时代,我已学得一个基本上是归纳法的治学方法。在我一九一六年十二月二十六日的日记上,我也写了两段:一段"论训诂之学",比较短;第二段"论校勘之学",则比较长。第一段中我谈到"考据"这个通用名词,我认为"考据"便是"有证据的探讨"。我说考据之学，其能卓然有成者，皆其能用归纳之法，以"小学"为之依据者也。我又说辛亥年（一九一一）作《三百篇言字解》已倡"以经解经"之说，以为广求同例，观其会通，然后定其古义，吾自名之曰"归纳的读书法"；其时尚未见《经传释辞》也。后来才稍读王氏（念孙、引之）父子及引之的同窗段玉裁等人的著作。我也举出他们十九世纪同期前辈学者孙诒让。孙氏的名著《墨子间诂》我在当学生的时代曾引用过它来写我研究中国古代哲学的博士论文。

在我一九一六年〔十二月二十六日〕的日记上，我记着说，两年以来始力屏臆测之见，每立一说，必求其例证。例证之法，约有三端：

（一）引据本书：如以《墨子》证《墨子》；以《诗》说《诗》。

（二）引据他书：如以《庄子》、《荀子》证《墨子》。

（三）引据字书：如以《说文》、《尔雅》证《墨子》。

由此可见我那时已深受近三百年来中国古典学术的影响了。今日回看我在一九一六年十二月二十六日的日记上所写的第二个长篇《论训诂之学》，读毕觉得有趣而值得一提的，那便是这整篇文章实在是约翰·浦斯格（John P. Postgate）教授为《大英百科全书》（*Encyclopedia Britannica*）第十一版所写的有关《版本学》（textual criticism）一文的节译。这篇文章今日已变成〔版本学界〕有权威性的经典著作了。今版《大英百科全书》所采用的还是这一篇。假如我不说出我那篇文章是上述浦文的节要，世上将无人知道，因为我那篇节要并未说明采自何书。我文中所举的也全是中国的例子，而不是浦氏原文所举的第一版雪莱诗集上的例子。

浦文之所以对我别具吸引力的道理，便是中、西两方治校勘学的相同之处。所以我能够用中国古典哲学中的例子,去替代浦文中原举的例子。浦氏的文章也较我所见过的类似的中文有关科学艺术的校勘学著作为佳。中西校勘学的殊途同归的研究方法,颇使我惊异。但是我也得承认,西方的校勘学所用的方法,实远比中国同类的方法更彻底、更科学化。

多少年后——我在一九三四年为陈垣先生治校勘学的巨著《元典章校补释例》,写了一篇长序。陈氏和他的一些学生,曾经化了很长的时间,从事一种史学要籍《元典章》的复原工作。陈氏那时与我比邻而居,所以他要我为他的著作写一篇序。我就写了一篇长序;这篇序后来也收入我的《文存》第四集,并把原文题改成《校勘学方法论》。

在那篇一九三四年所写的序文里,我指出现代西方的校勘学和我国近几百年所发展出的传统的治学方法,基本上有其相同之处。基本上第一点相同之处便是〔在所校勘的材料上〕发现错误;第二点便是〔把这个错误〕改正;第三点要证明所改不误。上述三个步骤便是中西校勘学的基本相同之处。其中最重要的一点也是根据最早的版本来校对。最早的版本也就是最接近原著的版本。这也是所有校勘学上最基本的相同之处。

但是我也指出那里有三种历史性的差异——不是方法学上的差异,而是历史因素的差异。西方人治校勘学比中国人方便,其原因有三方面:

第一、西方的印刷术要比中国印刷术晚出四五百年。正因为印刷术之晚出,所以欧洲保留了更多的〔手抄〕原稿。

第二、西方有更多古老的大学。校史有的可以远溯至中世纪。正因为有这些古老的大学和图书馆,手稿多赖以保存。

第三、西方有甚多不同种语言同时流传。各种语言都有其古代典籍的译本。因而最早的译本可以用来校正后出版本上的讹谬。

上述的西方三大便利为中国所无。在这方面看，在西方治校勘学，比起在中国学术史上所做的工作就要容易得多了。

我举出了这些例子，也就是说明我要指出我从何处学得了这些治学方法，实在是很不容易的。我想比较妥当点的说法，是我从考证学方面着手逐渐地学会了校勘学和训诂学。由于长期钻研中国古代典籍，而逐渐地学会了这种治学方法。所以我要总结我的经验的话，我最早的资本或者就是由于我有怀疑的能力。我另一个灵感的来源，也可以说是出于我早期对宋学中朱注的认识和训练。朱熹的宋学为我后来治汉学开拓了道路。我对汉学事实上不太有兴趣——尤其汉人解诗——曾引起我的反感。

最后让我再说点近三百年来〔中国〕学术对我更直接的影响。上节曾提过，我在十来岁的时候，便颇受《马氏文通》的影响。另一个影响我的人便是〔康乃尔大学的〕布尔（G. Lincoln Burr）教授。布尔的门人中后来有很多知名的教师和历史学家。哥伦比亚大学的奥斯汀·艾文斯（Austin P. Evans）教授便是布氏的高足。我在康乃尔认识艾文斯时，他已是希尔的助手了。我在康乃尔读研究院的时候，曾选了布尔的一门课叫做"历史的辅助科学"（Auxiliary Sciences of History）。这短短的一门课使我获益甚大。在这门课里，他每周指定一门"辅助历史的科学"——如语言学、校勘学、考古学、高级批判学（higher criticism）〔——《圣经》及古籍校勘学——〕等等。这是我第一次对这些"辅助历史的科学"略有所知。我想就是因为这门课促使我去翻阅〔《大英百科全书》中的〕浦斯格的文章。所以我说布尔教授的课是对我后来治学的第二个影响。

第三个影响便是乌德瑞(Frederick J. Woodbridge)教授〔在哥伦比亚大学研究院〕所开的历史哲学那一课。这门课使我大感兴趣,因为它与我在〔康乃尔大学〕本科所选的客雷敦(J. E Creighton)教授的"历史哲学"截然不同。乌教授是专治希腊哲学的大家;他总是提醒我们做研究工作在运用史料时要特别当心。柏拉图的对话录和亚里斯多德的著述之中,伪托甚多。他总教导我们"高级批判学"和这些古籍的批判史;他也指导我们如何去清查伪托,和认清窜改。那些都是近年来西方对古籍研究的新发现。我今日仍然记得我那时写了一份期终作业,文中所说的便是我国清代所发展的校勘学、训诂学和考据学。我把考据译为"有证据的探讨"。

最后我必须一提的,便是杜威教授有系统的推理思考的理论。〔也是对我有极大的影响的。〕

在述完本章之时,我想从我在一九一七年缴入的哲学博士论文《中国古代哲学方法之进化史》的序言里,引几段作为结论。我说,"我在这里想提一提的便是拙作的研究方法,和主要出发点,是与传统的中国学术截然不同的"。我说我所面临的第一个问题,便是资料选择的问题。在全篇之中,我没有引用任何不可充分信任之书,和不十分可靠之文。我指出所谓《五经》之中,只有《诗经》一项我是可以完全信任的;我对《书经》和《礼记》的态度则特别审慎,未敢遽引一辞。《礼记》中只是第二篇《檀弓》我认为它有其真实性的。《管子》和《晏子春秋》在我看来是同样不足信。至于后人所注的古典著作,〔我说,〕"我对近两百年来,中国学者在训诂学和校勘学的研究成果,曾尽量加以利用……因为只有通过训诂学的研究,吾人才能摆脱古人主观注疏的成见,而真正能了解古代典籍的原义。"

实验主义[*]

一、引 论

现今欧美很有势力的一派哲学,英文叫做 Pragmatism,日本人译为"实际主义"。这个名称本来也还可用。但这一派哲学里面,还有许多大同小异的区别,"实际主义"一个名目不能包括一切支派。英文原名 Pragmatism 本来是皮耳士(C. S. Peirce)提出的。后来詹姆士(William James)把这个主义应用到宗教经验上去,皮耳士觉得这种用法不很妥当,所以他想把他原来的主义改称为 Pragmaticism 以别于詹姆士的 Pragmatism。英国失勒(F. C. Schiller)一派,把这个主义的范围更扩充了,本来不过是一种辩论的方法,竟变成一种真理论和实在论了(看詹姆士的 *Meaning of Truth*,页 51),所以失勒提议改用"人本主义"(Humanism)的名称。美国杜威(John Dewey)一派,仍旧回到皮耳士所用的原意,注重方法论一方面;他又嫌詹姆士和失勒一般人太偏重个体

---

[*] 原载 1919 年 4 月 15 日《新青年》第 6 卷第 4 号,又收入 1919 年北京大学学术讲演会编印的学术讲演录《实验主义》。

事物和"意志"(Will)的方面,所以他也不愿用 Pragmatism 的名称,他这一派自称为"工具主义"(Instrumentalism)又可译为"应用主义"或"器用主义"。

因为这一派里面有许多区别,所以不能不用一个涵义最广的总名称。"实际主义"四个字可让给詹姆士独占。我们另用"实验主义"的名目来做这一派哲学的总名。就这两个名词的本义看来,"实际主义"(Pragmatism)注重实际的效果;"实验主义"(Experimentalism)虽然也注重实际的效果,但他更能点出这种哲学所最注意的是实验的方法。实验的方法就是科学家在试验室里用的方法。这一派哲学的始祖皮耳士常说他的新哲学不是别的,就是"科学试验室的态度"(The Laboratory ttitude of mind)。这种态度是这种哲学的各派所公认的,所以我们可用来做一个"类名"。

以上论实验主义的名目,也可表现实验主义和科学的关系。这种新哲学完全是近代科学发达的结果。十九世纪乃是科学史上最光荣的时代,不但科学的范围更扩大了,器械更完备了,方法更精密了;最重要的是科学的基本观念都经过了一番自觉的评判,受了一番根本的大变迁。这些科学基本观念之中,有两个重要的变迁,都同实验主义有绝大的关系。第一,是科学家对于科学律例的态度的变迁。从前崇拜科学的人,大概有一种迷信,以为科学的律例都是一定不变的天经地义。他们以为天地万物都有永久不变的"天理",这些天理发现之后,便成了科学的律例。但是这种"天经地义"的态度,近几十年来渐渐的更变了。科学家渐渐的觉得这种天经地义的迷信态度很可以阻碍科学的进步;况且他们研究科学的历史,知道科学上许多发明都是运用"假设"的效果;因此他们渐渐的觉悟,知道现在所有的科学律例不过是一些最适用的假设,不过是现在公认为解释自然现象最方便的假设。譬如行星的运行,古人天天看见日出于东,落于西,并不觉得什么可怪。后来有人问日落之后到什么地方去了呢? 有人说日并不落下,日挂在天上,跟着天旋转,转到西方又转向北方,离开远了,我们看不见他,便说日落了,其实不曾落(看王充《论衡·说日篇》)。这是第一种假设的解释。后来有人说地不是平坦的,日月都从地下绕出;更进一步,说地是宇宙的中心,日月星辰都绕地行动;再进一步,说日月绕地成圆圈的轨道,一切星辰也依着圆圈运行。这是第二种假设的解释,在当时都推为科学的律例。后来天文学格外进步了,于是有哥白尼出来说日球是中心,地球和别种行星都绕日而行,并不是日月星辰绕地而行。这是第三个假设的解释。后来的科学家,如恺柏勒(Keppler),如牛敦(Newton),把哥白尼的假设说得格外周密。自此以后,人都觉得这种假设把行星的运行说的最圆满,没有别种假设比得上他,因此他便成了科学的律例了。即此一条律例看来,便可见这种律例原不过是人造的假设用来解释事物现象的,解释的满意,就是真的;解释的不满人意,便不是真的,便该寻别种假设来代他了。不但物理学、化学的律例是这样的。就是平常人最信仰,最推崇为永永不磨的数学定理,也不过是一些最适用的假设。我们学过平常的几何学的,都知道一个三角形内的三只角之和等于两只直角;又知道一条直线外的一点上只可作一条线与那条直线平行。这不是几何学上的天经地义吗? 但是近来有两派新几何学出现,一派是罗贝邱司基(Lobatschwsky)的几何,说三角形内的三只角加起来小于两直角,又说在一点上可作无数线和一条直线平行;还有一派是利曼(Riemann)的几何,说三角形内的三角之和大于两直角,又说一点上所作的线没有一条和点外的直线平行。这两派新几何学

（我现在不能细说）都不是疯子说疯话，都有可成立的理由。于是平常人和古代哲学家所同声尊为天经地义的几何学定理，也不能不看作一些人造的最方便的假设了。（看 Poincaré,'Science and Hypothesis',Chapters Ⅲ, Ⅴ, And Ⅸ）

　　这一段说从前认作天经地义的科学律例如今都变成了人造的最方便最适用的假设。这种态度的变迁涵有三种意义：(一)科学律例是人造的，(二)是假定的，——是全靠他解释事实能不能满意，方才可定他是不是适用的，(三)并不是永永不变的天理，——天地间也许有这种永永不变的天理，但我们不能说我们所拟的律例就是天理；我们所假设的律例不过是记载我们所知道的一切自然变化的"速记法"。这种对于科学律例的新态度，是实验主义的一个最重要的根本学理。实验主义绝不承认我们所谓"真理"就是永永不变的天理；他只承认一切"真理"都是应用的假设；假设的真不真，全靠他能不能发生他所应该发生的效果。这就是"科学试验室的态度"。

　　此外，十九世纪还有第二种大变迁，也是和实验主义有极重要的关系的。这就是达尔文的进化论。达尔文的最重要的书名为《物种的由来》。从古以来，讲进化的人本不少，但总不曾明白主张"物种"是变迁进化的结果。哲学家大概把一切"物种"(Species)认作最初同时发生的，发生以来，永永不变，古今如一。中国古代的荀子说，"古今一度也，类不悖，虽久同理。"杨倞注说，"类，种类，谓若牛马也。言种类不乖悖，虽久而理同。今之牛马与古不殊，何至于人而独异哉？"（看我的《中国哲学史大纲》页 310 至 313）这是说物的种类是一成不变的。古代的西洋学者如亚里士多德一辈人也是主张物种不变的。这种物类不变的观念，在哲学史上很有大影响。荀子主张物类不悖，虽久同理，故他说那些主张"古今异情,其所以治乱者异道"的人都是"妄人"。西洋古代哲学因为主张物类不变,故也把真理看作一成不变:个体的人物尽管有生老死灭的变化,但"人"、"牛"、"马"等等种类是不变化的;个体的事实尽管变来变去,但那些全称的普遍的"真理"是永久不变的。到了达尔文方才敢大胆宣言物的种类也不是一成不变的,都有一个"由来",都经过了许多变化,方才到今日的种类;到了今日,仍旧可使种类变迁,如种树的可以接树,养鸡的可以接鸡,都可得到特别的种类。不但种类变化,真理也变化。种类的变化是适应环境的结果,真理不过是对付环境的一种工具;环境变了,真理也随时改变。宣统年间的忠君观念已不是雍正、乾隆年间的忠君观念了;民国成立以来,这个观念竟完全丢了,用不着了。知道天下没有永久不变的真理,没有绝对的真理,方才可以起一种知识上的责任心:我们人类所要的知识,并不是那绝对存立的"道"哪,"理"哪,乃是这个时间,这个境地,这个我的这个真理。那绝对的真理是悬空的,是抽象的,是笼统的,是没有凭据的,是不能证实的。因此古来的哲学家可以随便乱说:这个人说是"道",那个人说是"理",第三人说是"气",第四人说是"无",第五人说是"上帝",第六人说是"太极",第七人说是"无极"。你和我都不能断定那一个说的是,那一个说的不是,只好由他们乱说罢了。我们现在且莫问那绝对究竟的真理,只须问我们在这个时候,遇着这个境地,应该怎样对付他:这种对付这个境地的方法,便是"这个真理"。这一类"这个真理"是实在的,是具体的,是特别的,是有凭据的,是可以证实的。因为这个真理是对付这个境地的方法,所以他若不能对付,便不是真理;他能对付,便是真理:所以说他是可以证实的。

这种进化的观念,自从达尔文以来,各种学问都受了他的影响。但是哲学是最守旧的东西,这六十年来,哲学家所用的"进化"观念仍旧是海智尔(Hegel)的进化观念,不是达尔文的《物种由来》的进化观念(这话说来很长,将来再说罢)。到了实验主义一派的哲学家,方才把达尔文一派的进化观念拿到哲学上来应用;拿来批评哲学上的问题,拿来讨论真理,拿来研究道德。进化观念在哲学上应用的结果,便发生了一种"历史的态度"(The Genetic Method)。怎么叫做"历史的态度"呢? 这就是要研究事务如何发生,怎样来的,怎样变到现在的样子:这就是"历史的态度"。譬如研究"真理",就该问,这个意思何以受人恭维,尊为"真理"? 又如研究哲学上的问题,就该问,为什么哲学史上发生这个问题呢? 又如研究道德习惯,就该问,这种道德观念(例如"爱国"心)何以应该尊崇呢? 这种风俗(例如"纳妾")何以能成为公认的风俗呢? 这种历史的态度便是实验主义的一个重要的元素。

以上泛论实验主义的两个根本观念:第一是科学试验室的态度,第二是历史的态度。这两个基本观念都是十九世纪科学的影响。所以我们可以说:实验主义不过是科学方法在哲学上的应用。

二、皮耳士——实验主义的发起人

詹姆士说"实验主义"不过是思想的几个老法子换上了一个新名目。这话固然不错,因为古代的哲学家如中国的墨翟、韩非(看我的《中国哲学史大纲》页 153 至 165,又 197,又 379 至 384),如希腊的勃洛太哥拉(Protagoras),都可说是实验主义的远祖。但是近世的实验主义乃是近世科学的自然产儿,根据格外坚牢,方法格外精密,并不是古代实验主义的嫡派子孙,故我们尽可老老实实的从近世实验主义的始祖皮耳士(C. S. Peirce)说起。

　　皮耳士生于西历一八三九年，死于一九一四年。他的父亲Benjamin Peirce是美国一个最大的数学家，所以他小时就受了科学的教育。他常说他是在科学试验室里长大的。后来他也成了一个大数学家，名学家，物理学家。他的物理学上的贡献是欧美学者所公认的。一千八百六十几年，皮耳士在美国康桥发起了一个哲学会，会员虽不过十一二人，却很有几个重要人物，内中有一个便是那后来赫赫有名的詹姆士。皮耳士在这会里曾发表他的实验主义。詹姆士很受了他的影响。到了一八七七年十一月，皮耳士方才把他的实验哲学做了一篇长文，登在美国《科学通俗月刊》上。这篇文章共分六章，登了几个月才登完。当时竟没有人赏识他。直到二十年后，詹姆士在加省大学演讲，方才极力表彰皮耳士的实验主义。那时候，时机已经成熟了，实验主义就此一日千里的传遍全世界了。

　　皮耳士这篇文章总题目是《科学逻辑的举例》。这个名称很可注意，因为这就可见实验主义同科学方法的关系。这篇文章的第二章题目是"如何能使我们的意思明白"。这个题目也很可注意，因为这一章是实验主义发源之地，看这题目便知道实验主义的宗旨不过是要寻一个方法来把我们所有的观念的意义弄的明白清楚。他是一个科学家，所以他的方法只是一个"科学实验室的态度"。他说："你对一个科学实验家无论讲什么，他总以为你的意思是说某种实验法若实行时定有某种效果。若不如此，你所说的话他就不懂得了。"他平生只遵守这种态度，所以说："一个观念的意义完全在于那观念在人生行为上所发生的效果。凡试验不出什么效果来的东西，必定不能影响人生的行为。所以我们如果能完全求出承认某种观念时有那么些效果，不承认他时又有那么些效果,如此我们就有这个观念的完全意义了。除掉这些效果之外,更无别种意义。这就是我所主张的实验主义。"(*Jounral of philos.* , *psy.* , *and Sc. Meth.* XIII. No. 26 P. 710 引)

他这一段话的意思是说,一切有意义的思想都会发生实际上的效果。这种效果便是那思想的意义。若要问那思想有无意义或有什么意义,只消求出那思想能发生何种实际的效果;只消问若承认他时有什么效果,若不认他时又有什么效果。若不论认他或不认他,都不发生什么影响,都没有实际上的分别,那就可说这个思想全无意义,不过是胡说的废话。

我且举一个例。昨天下午北京大学哲学教授曾审查学生送来的哲学研究会讲演题目。内中有一个题目是:"人类未曾运思以前一切哲理有无物观的存在?"这种问题,依实验主义看起来,简直是废话。为什么呢?因为无论我们承认未有思想以前已有哲理或没有哲理,于人生实际上有何分别?假定人类未曾运思之时"哲理"早已存在,这种假定又如何证明呢?这种哲理于人生行为有什么关系?更假定那时候没有哲理,这哲理的没有,又如何证明呢?又于人生有什么影响呢?若是没有什么影响,可不是不成问题的争论吗?

皮耳士又说:"凡一个命辞的意义在于将来(命辞或称命题 Proposition)。何以故呢?因为一个命辞的意义还只是一个命辞,还只是把原有的命辞翻译成一种法式使他可以在人生行为上应用。"他又说,"一个命辞的意义即是那命辞所指出一切实验的现象的通则"(同上书 P. 711 引)。这话怎么讲呢?我且举两条例。譬如说,"砒霜是有毒的"。这个命辞的意义还只是一个命辞,例如"砒霜是吃不得的",或是"吃了砒霜是要死的",或是"你千万不要吃砒霜"。这三个命辞都只是"砒霜有毒"一个命辞所涵的实验的现象。后三个命辞即是前一个命辞翻译出来的应用公式,即是这个命辞的真正意义。又如说,"闷空气是有害卫生的",和"这屋里都是闷空气"。这两个命辞的意义就是叫你"赶快打开窗子换换新鲜空气"!

皮耳士的学说不但是说一切观念的意义在于那观念所能发生效果;他还要进一步说,一切观念的意义,即是那观念所指示我们应该养成的习惯。"闷空气有害卫生"一个观念的意义在于他能使我们养成常常开窗换新鲜空气的习惯。"运动有益身体"一个观念的意义在于他能使我们养成时常作健身运动的习惯。科学的目的只是要给我们许多有道理的行为方法,使我们从信仰这种方法生出有道理的习惯。这是科学家的知行合一说。这是皮耳士的实验主义。(参看 *Journal of philos. psy. and Sc. Meth.* XIII, 21, p. 709~720)

三、詹姆士的心理学

维廉詹姆士(William James)生于一八四二年,死于一九一〇年。他的父亲 Henry James 是一个 Swedenborg 派的宗教家,有一些宗教的著作。(Swedenborg 瑞典人 1688—1772,是一个神秘的宗教家,自创一派,传流到今。他说人有一种精神的官能,往往闭塞了;若开通时,便可与精神界直接往来。他自己说是真能做到这步田地的。)他的兄弟也叫 Henry James(1843—1916),是近世一个最大的文豪,所做的小说在英美两国的文学中占一个极重要的位置。我们的哲学家詹姆士初学医学,在哈佛大学得医学博士的学位之后,就在那里教授解剖学和生理学,后来才改为心理学和哲学的教授。一八九〇年他的《大心理学》出版,自此以后

他就成了一个哲学界的重要人物。他的著作很多,我且举几种最重要的:

《大心理学》(*The Principles of Psychology*, 1890)

《小心理学》(*Psychology*, 1892)

《信仰的意志》及其他论文(*The Will to Believe*, 1897)

《宗教经验的种种》(*The Varieties of Religious Experience*, 1902)

《实验主义》(*Pragmatism*, 1907)

《真理的意义》(*The Meaning of Truth*, 1909)

詹姆士在哲学史上的最大贡献就是他的"新心理学"。他的新心理学乃是心理学史上一大革命,因为以前只有"构造的心理学"(Structural Psychology),到了他以后方才有"机能的心理学"(Functional Psychology),又名"动作的心理学"(Behavioristic Psychology)。这种新心理学又是哲学史上一大革命,因为一百五十年来的哲学都受了休谟(David Hume)的心理解剖的影响,把心的内容都看作许多碎细的元素,名为"印象"(Impressions)与意象(Ideas)。休谟走到极端,不但把一切外物都认作一群一群的感觉,并且连这个感觉的"我"也不过是一大堆印象和意象。还有物界一切因果的关系,也并没有实在,不过都是人心联想习惯的结果。后来出了一个大哲学家康得(Kant)觉得休谟的知识论不能使人满意,于是他创出他的新哲学。我现在不能细述康得的哲学,只可略说一个重要的方面。康得承认休谟的心理分析是不错的,承认心的内容是一些零碎的感觉;但是康得进一步说这些细碎的分子之外,还有两个综合的官能,一个是直觉;一个是明觉,直觉有两个法门,一是空间,一是时间;明觉有十二种法门,什么多数哪,独一哪,有哪,无哪,因果哪,我也不去细说了。每起一种知觉时,先经过直觉关,到了关上,那感觉的"与料"便化成空间时间;然后明觉过来,自然会把那"与料"归到那十二法门中的相当法门上去,于是才知道他是一还是多,是有还是非有,是因还是果。康得的哲学因为要填补休谟的缺陷,故于感觉的资料之外请出一个整理组合的理性来。康得以来的哲学虽然经过许多变迁,总不曾跳出这个中心观念:一方面是感觉的资料,一方面是有组合作用的心。后来的人说来说去,越说越微妙了,但总说不出为什么这两部分都不可少,又说不出这两个相反对的部分怎样能够同力合作发生有统系组织。

詹姆士的心理学以为休谟一派的联想论把一切思想都看作习惯的联想,固是不对的,但是理性派的哲学家建立一个独立实在的心灵,也没有实验的根据。他说科学的心理学应该用生理的现象来解释心理的现象;应该承认脑部为一切心理作用的总机关,更应该寻出心理作用的生理的前因和生理的后果。他说,"没有一种心理的变迁同时不发生身体上的变迁的。"这种生理的心理学,固然不是詹姆士创始的,但他更进一步,把生物学的道理应用到生理的心理学上。从前斯宾塞(Spencer)曾定下一条通则,说"心理的生活和生理的生活有同样的主要性质,两种生活都是要使内部的关系和外部的关系互相适应。"詹姆士承认这个通则在心理学上很有用处,所以他的心理学的基本观念是:凡认定未来的目标而选择方法和工具以求做到这个目标,这种行动就是有心的作用时表示。心的作用就是认定目的而设法达到所定目的的作用。这种观点可以补救从前休谟和康得的缺点。为什么呢?因为休谟一派人把心的内容看作细碎的分子,其实那一点一块的分子并不是经验的真相;个人的经验是连贯不断的一个大整块,不过随时起心的作用时自然不能不有所选择,不能不在这连绵不断的经验上挑出一部分来应用,所以表面上看去很像是一支一节的片段,其实还是整块的,不间断的。还有康得一派人于感觉之外请出一个综合整理的心,又把这个心分成许多法门,这也是有弊的说法;因为神经系统之外更没什么"心官",况且这个神经系统也不是照相镜一般的物事;若如康得所说,那心官分做许多法门,外物进来,自然会显出种种关系,那么心官岂不是同照相镜一样,应该有什么东西便自然照成什么东西,——那么,何以还有知识思想上的错误呢?詹姆士用生理来讲心理,认定我们的神经系统不过是一种应付外物的机能,并不是天生成完全无错误的,是最容易错误的,不过是有随机应变的可能性,"上一回当,学一回乖",一切错误算不得是他的缺点,只可算是必须经过的阶级。心的作用并不刚是照相镜一般的把外物照在里面就算了;心的作用乃是从已有的知识里面挑出一部分来做现在应用的资料。一切心的作用(知识思想等)都起于个人的兴趣和意志;兴趣和意志定下选择的目标,有了目标方才从已有的经验里面挑出达到这目标的方法器具和资料。康得所说的"纯粹理性"乃是绝对没有的东西。没有一种心的作用不带着意志和兴趣的;没有一种心的作用不是选择去取的。

这是詹姆士的新心理学的重要观念。从前经验派和理性派的种种争论都可用这种心理学来解决调和。因为心的作用是选择去取的,所以现在的感觉资料便是引起兴趣意志的刺激物,过去的感觉资料(经验)便是供我们选择方法工具的材料;从前所谓组合整理的心官便是这选择去取的作用。世间没有纯粹的理性,也没有纯粹的知识思想。理性是离不了意志和兴趣的;知识思想是应用的,是用来满足人的意志兴趣的。古人所说的纯粹理性和纯粹思想都是把理性和思想看作自为首尾自为起结的物事,和实用毫无关系,所以没有真假可说,没有是非可说,因为这都是无从证明的。现在说知识思想是应用的,看他是否能应用就可以证实他的是非和真假了。所以我们可说,詹姆士的心理学乃是实验主义的心理学的基础。

四、詹姆士论实验主义

本章的题目是"詹姆士论实验主义"。这个标题的意思是说,本章所说虽是用他的《实验主义》一部书做根据,却不全是他一个人的学说,乃是他综合皮耳士、失勒、杜威、倭斯袜(Ostwald)、马赫(Maoh)等人的学说,做成一种实验主义的总论。他这个人是富有宗教性的,有时不免有点偏见,所以我又引了旁人的(以杜威为最多)批评他的话来纠正他的议论。

詹姆士讲实验主义有三种意义。第一,实验主义是一种方法论;第二,是一种真理论(Theory of Truth);第三,是一种实在论(Theory of Reality)。

一、方法论。詹姆士总论实验主义的方法是"要把注意之点从最先的物事移到最后的物事;从通则移到事实,从范畴(Categories)移到效果"(*Pragmatism*, P. 54—55)。这些通则哪,定理哪,范畴哪,都是"最先的物事"。亚里士多德所说在"天然顺序中比较容易知道的",就是这些东西。古来的学派大抵都是注重这些抽象的东西的。詹姆士说:"我们大家都知道人类向来喜欢玩种种不正当的魔术。魔术上最重要的东西就是名字。你如果知道某种妖魔鬼怪的名字,或是可以镇服他们的符咒,你就可以管住他们了。所以初民的心里觉得宇宙竟是一种不可解的谜;若要解这个哑谜,总须请教那些开通心窍神通广大的名字。宇宙的道理即在名字里面；有了名字便有了宇宙了（参看中国儒家所论正名的重要，如孔丘、董仲舒所说）。'上帝'，'物质'，'理'，'太极'，'力'，都是万能的名字。你认得他们，就算完事了。玄学的研究，到了认得这些神通广大的名字可算到了极处了。"（P. 52）他这段说话挖苦那班理性派的哲学家，可算得利害了。他的意思只是要表示实验主义根本上和从前的哲学不同。实验主义要把种种全称名字一个一个的"现兑"做人生经验，再看这些名字究竟有无意义。所以说"要把注意之点从最先的物事移到最后的物事；从通则移到事实，从范畴移到效果"。

这便是实验主义的根本方法。这个方法有三种应用。甲、用来规定事物（Objects）的意义，乙、用来规定观念（Ideas）的意义，丙、用来规定一切信仰（定理圣教量之类）的意义。

甲、事物的意义。詹姆士引德国化学大家倭斯袜（Ostwald）的话"一切实物都能影响人生行为；那种影响便是那些事物的意义"。他自己也说，"若要使我们心中所起事物的感想明白清楚，只须问这个物事能生何种实际的影响，——只须问他发生什么感觉，我们对他起何种反动"（P. 46 — 47）。譬如上文所说的"闷空气"，他的意义在于他对于呼吸的关系和我们开窗换空气的反动。

乙、观念的意义。他说，我们如要规定一个观念的意义，只须使这观念在我们经验以内发生作用。把这个观念当作一种工具用，看他在自然界能发生什么变化，什么影响。一个观念（意思）就像一张支票，上面写明可支若干效果；如果这个自然银行见了这张支票即刻如数现兑，那支票便是真的，——那观念便是真的。

丙、信仰的意义。信仰包括事物与观念两种，不过信仰所包事物观念的意义是平常公认为已经确定了的。若要决定这种观念或学说的意义，只须问，"如果这种学说是真的，那种学说是假的,于人生实际上可有什么分别吗?如果无论那一种是真是假都没有实际上的区别,那就可证明这两种表面不同的学说其实是一样的,一切争执都是废话。(P.45)譬如我上文所引"人类未曾运思以前,一切哲理有无物观的存在?"一个问题,两方面都可信,都不发生实际上的区别,所以就不成问题了。

以上说方法论的实验主义。

二、真理论。什么是"真理"(Truth)?这个问题在西洋哲学史上是一个顶重要的问题。那些旧派的哲学家说真理就是同"实在"相符合的意象。这个意象和"实在"相符合,便是真的;那个意象和"实在"不相符合,便是假的。这话很宽泛,我们须要问,什么叫做"和实在相符合"?旧派的哲学家说"真的意象就是实在的摹本(Copy)"。詹姆士问道,"譬如墙上的钟,我们闭了眼睛可以想象钟的模样,那还可以说是一种摹本。但是我们心里起的钟的用处的观念,也是摹本吗?摹的是什么呢?又如我们说钟的法条有弹性,这个观念摹的又是什么呢?这就可见一切不能有摹本的意象,那'和实在相符合'一句话又怎么解说呢?"(*Pragmatism*, P. 199)

詹姆士和旁的实验哲学家都攻击这种真理论,以为这学说是一种静止的,惰性的真理论。旧派的意思好像是只要把实在直抄下来就完了事;只要得到了实在的摹本,就够了,思想的功用就算圆满了。好像我们中国在前清时代奏折上批了"知道了,钦此"五个大字,就完了。这些实验哲学家是不甘心的。他们要问,"假定这个观念是真的,这可于人生实际上有什么影响吗?这个真理可以实现吗?这个道理是真是假,可影响那几部分的经验吗?总而言之,这个真理现兑成人生经验,值得多少呢?"

詹姆士因此下一个界说道,"凡真理都是我们能消化受用的;

能考验的,能用旁证证明的,能稽核查实的。凡假的观念都是不能如此的。"(P.201)他说,"真理的证实在能有一种满意摆渡的作用。"(P.202)怎么叫作摆渡的作用呢?他说"如果一个观念能把我们一部分的经验引渡到别一部分的经验,连贯的满意,办理的妥贴,把复杂的变简单了,把烦难的变容易了,——如果这个观念能做到这步田地,他便'真'到这步田地,便含有那么多的真理。"(P.58)譬如我走到一个大森林里,迷了路,饿了几日走不出来,忽然看见地上有几个牛蹄的印子,我心里便想:若跟着牛蹄印子走,一定可寻到有人烟的地方。这个意思在这个时候非常有用,我依了做去,果然出险了。这个意思便是真的,因为他能把我从一部分的经验引渡到别部分的经验,因此便自己证实了。

据这种见解看来,上文所说"和实在相符合"一句话便有了一种新意义。真理"和实在相符合"并不是静止的符合,乃是作用的符合:从此岸渡到彼岸,把困难化为容易,这就是"和实在相符合"了。符合不是临摹实在,乃是应付实在,乃是适应实在。

这种"摆渡"的作用,又叫做"做媒"的本事。詹姆士常说一个新的观念就是一个媒婆,他的用处就在能把本来未有的旧思想和新发现的事实拉拢来做夫妻,使他们不要吵闹,使他们和睦过日子。譬如我们从前糊糊涂涂的过太平日子,以为物体从空中掉下来是很自然的事,不算希奇。不料后来人类知识进步了,知道我们这个地球是悬空吊在空中,于是便发生疑问:这个地球何以能够不掉下去呢?地球既是圆的,圆球那一面的人物屋宇何以不掉到太空中去呢?这个时候,旧思想和新事实不能相容,正如人家儿女长大了,男的吵着要娶媳妇了,女的吵着要嫁人了。正在吵闹的时候,来了一个媒婆,叫做"吸力说",他从男家到女家,又从女家到男家,不知怎样一说,女家男家都答应了,于是遂成了夫妇，重新过太平的日子。所以詹姆士说，观念成为真理全靠他有这做媒的本事。一切科学的定理，一切真理，新的旧的，都是会做媒的，或是现任的媒婆，或是已退职的媒婆。纯粹物观的真理，不曾替人做过媒，不会帮人摆过渡，这种真理是从来没有的。

这种真理论叫做"历史的真理论"（Genetic Theory of Truth）。为什么叫做"历史的"呢？因为这种真理论注重的点在于真理如何发生，如何得来，如何成为公认的真理，真理并不是天上掉下来的，也不是人胎里带来的。真理原来是人造的，是为了人造的，是人造出来供人用的，是因为他们大有用处所以才给他们"真理"的美名的。我们所谓真理，原不过是人的一种工具，真理和我手里这张纸，这条粉笔，这块黑板，这把茶壶，是一样的东西；都是我们的工具。因为从前这种观念曾经发生功效，故从前的人叫他做"真理"；因为他的用处至今还在，所以我们还叫他做"真理"。万一明天发生他种事实，从前的观念不适用了，他就不是"真理"了，我们就该去找别的真理来代他了。譬如"三纲五伦"的话，古人认为真理，因为这种话在古时宗法的社会很有点用处。但是现在时势变了，国体变了，"三纲"便少了君臣一纲，"五伦"便少了君臣一伦。还有"父为子纲"、"夫为妻纲"两条，也不能成立。古时的"天经地义"现在变成废语了。有许多守旧的人觉得这是很可痛惜的。其实这有什么可惜？衣服破了，该换新的；这支粉笔写完了，该换一支；这个道理不适用了，该换一个。这是平常的道理，有什么可惜？"天圆地方"说不适用了，我们换上一个"地圆说"有谁替"天圆地方"说开追悼会吗？

真理所以成为公认的真理，正因为他替我们摆过渡，做过媒。摆渡的船破了，再造一个。帆船太慢了，换上一只汽船。这个媒婆不行，打他一顿媒拳，赶他出去，另外请一位靠得住的朋友做大媒。

这便是实验主义的真理论。

但是人各有所蔽,就是哲学家也不能免。詹姆士是一个宗教家的儿子,受了宗教的训练,所以对于宗教的问题,总不免有点偏见,不能老老实实的用实验主义的标准来批评那些宗教的观念是否真的。譬如他说,"依实验主义的道理看来,如果'上帝'那个假设有满意的功用(此所谓'满意'乃广义的),那假设便是真的。"(P. 299)又说,"上帝的观念……在实际上至少有一点胜过旁的观念的地方:这个观念许给我们一种理想的宇宙,永久保存,不致毁灭。……世界有个上帝在里面作主,我们便觉得一切悲剧都不过是暂时的,都不过是局部的,一切灾难毁坏都不是绝对没有翻身的。"(P. 106)最妙的是他的"信仰的心愿"论(The Will to Believe)。这篇议论太长了,不能引在这里,但是那篇议论中最重要又最有趣味的一个意思,他曾在别处常常提起,我且引来给大家看看。"我自己硬不信我们的人世经验就是宇宙里最高的经验了。我宁可相信我们人类对于全宇宙的关系就和我们的猫儿狗儿对于人世生活的关系一般。猫儿狗儿常在我们的客厅上书房里玩,他们也加入我们的生活,但他们全不懂得我们的生活的意义。我们的人世生活好比一个圆圈,他们就住在这个圆圈的正切线(Tangent)上,全不知道这个圆圈起于何处终于何处。我们也是如此。我们也住在这个全宇宙圆圈的正切线上。但是猫儿狗儿每日的生活可以证明他们有许多理想和我们相同,所以我们照宗教经验的证据看来,也很可相信比人类更高的神力是实有的,并且这些神力也朝着人类理想中的方向努力拯救这个世界。"(P. 300)

这就是他的宗教的成见。他以为这个上帝的观念,——这个有意志,和我们人类的最高理想同一方向进行的上帝观念,——能使我们人类安心满意,能使我们发生乐观,这就可以算他是真的了!这种理论,仔细看来,是很有害的。他在这种地方未免把他的实验主义的方法用错了。为什么呢?因为我们上文说过实验主义的方法须分作三层使用。第一,是用来定事物的意义。第二,定观念的意义。第三,定信仰的意义。须是事物和观念的意义已经明白确定了,方才可以用第三步方法。如今假定一个有意志的上帝,这个假设还只是一个观念,他的意义还不曾明白确定,所以不能用第三步方法,只可先用第二步方法,把这个观念当作一种工具,当作一张支票,看他在这自然大银行里是否有兑现的效力。这个"有意志的神力"的观念是一个宇宙论的假设,这张支票上写的是宇宙论的现款,不是宗教经验上的现款。我们拿了支票,该应先看他是否能解决宇宙论的问题。一切宇宙间的现状,如生存竞争的残忍,如罪恶痛苦的存在,都可以用这个假设来解决吗?如不能解决,这张支票便不能兑现。这个观念的意义便不曾确定。一个观念不曾经过第二步的经验,便不配算作信仰,便不配问他的真假在实际上发生什么区别。为什么呢?因为一张假支票在本银行里虽然支不出钱来,也许在不相干的小钱店里押一笔钱。那小钱店不曾把支票上的图章表记认明白,只顾贪一点小利,就胡乱押一笔钱出去。这不叫做"兑现",这叫"外快",这是骗来的钱。詹姆士不先把上帝这个观念的意义弄明白,却先用到宗教经验上去,回头又把宗教经验上所得的"外快"利益来冒充这个观念本身的价值。这就是他不忠于实验主义的所在了。(参看 Dewey, *Essays in Experimental Logic*, P. 312 — 325)

三、实在论。我们所谓"实在"(Reality)含有三大部分:(A)感觉,(B)感觉与感觉之间及意象与意象之间的种种关系,(C)旧有的真理。从前的旧派哲学都说实在是永远不变的。詹姆士一派人说实在是常常变的,是常常加添的,常常由我们自己改造的。上文所说实在的三部分之中,我们且先说感觉。感觉之来,就同大水汹涌,是不由我们自主的。但是我们各有特别的兴趣,兴趣不同,所留意的感觉也不同。因为我们所注意的部分不同,所以各人心目中的实在也就不同。一个诗人和一个植物学者同走出门游玩,那诗人眼里只见得日朗风轻,花明鸟媚;那植物学者只见得道旁长的是什么草,篱上开的是什么花,河边栽的是什么树。这两个人的宇宙是大不相同的。

再说感觉的关系和意象的关系。一样的满天星斗,在诗人的眼里和在天文学者的眼里,便有种种不同的关系。一样的两件事,你只见得时间的先后,我却见得因果的关系。一样的一篇演说,你觉得这人声调高低得宜,我觉得这人论理完密。一百个大钱,你可以摆成两座五十的,也可以摆成四座二十五的,也可以摆成十座十个的。

那旧有的真理更不用说了。总而言之,实在是我们自己改造过的实在。这个实在里面含有无数人造的分子。实在是一个很服从的女孩子,他百依百顺的由我们替他涂抹起来,装扮起来。"实在好比一块大理石到了我们手里,由我们雕成什么像。"宇宙是经过我们自己创造的工夫的。"无论知识的生活或行为的生活,我们都是创造的。实在的名的一部分,和实的一部分,都有我们增加的分子。"

这种实在论和理性派的见解大不相同。"理性主义以为实在是现成的,永远完全的;实验主义以为实在还正在制造之中,将来造到什么样子便是什么样子。"(P. 257)实验主义(人本主义)的宇宙是一篇未完的草稿,正在修改之中,将来改成怎样便怎样,但是永永没有完篇的时期。理性主义的宇宙是绝对平安无事的,实验主义的宇宙是还在冒险进行的。

这种实在论和实验主义的人生哲学和宗教观念都有关系。总而言之,这种创造的实在论发生一种创造的人生观。这种人生观詹姆士称为"改良主义"(Meliorism)。这种人生观也不是悲观的厌世主义,也不是乐观的乐天主义,乃是一种创造的"淑世主义"。世界的拯救不是不可能的,也不是我们笼着手,抬起头来就可以望得到的。世界的拯救是可以做得到的,但是须要我们各人尽力做去。我们尽一分的力,世界的拯救就赶早一分。世界是一点一滴一分一毫的长成的,但是这一点一滴一分一毫全靠着你和我和他的努力贡献。

他说,

> 假如那造化的上帝对你说:"我要造一个世界,保不定可以救拔的。这个世界要想做到完全无缺的地位,须靠各个分子各尽他的能力。我给你一个机会,请你加入这个世界。你知道我不担保这世界平安无事的。这个世界是一种真正冒险事业,危险很多,但是也许有最后的胜利。这是真正的社会互助的工作。你愿意跟来吗?你对你自己,和那些旁的工人,有那么多的信心来冒这个险吗?"假如上帝这样问你,这样邀请你,你当真怕这世界不安稳竟不敢去吗?你当真宁愿躲在睡梦里不肯出头吗?

这就是淑世主义的挑战书。詹姆士自己是要我们大着胆子接受这个哀的米敦书的。他很嘲笑那些退缩的懦夫,那些静坐派的懦夫。他说,"我晓得有些人是不愿意去的。他们觉得在那个世界里,须要用奋斗去换平安,这是很没有道理的事。……他们不敢相信机会。他们想寻一个世界,要可以歇肩,可以抱住爸爸的头颈,就此被吸到那无穷无极的生命里面,好像一滴水滴在大海里。这种平安清福,不过只是免去了人世经验的种种烦恼。佛家的涅槃其实只不过免过去了尘世的无穷冒险。那些印度人,那些佛教徒,其实只是一班懦夫,他们怕经验,怕生活。……他们听见了多元的淑世主义,牙齿都打颤了,胸口的心也骇得冰冷了。"(P. 291—293)詹姆士自己说,"我吗?我是愿意承认这个世界是真正危险的,是须要冒险的;我决不退缩,我决不说'我不干了!'"(P. 296)

这便是他的宗教。这便是他的实在论所发生的效果。

五、杜威哲学的根本观念

杜威(生于 1859)是现在实验主义的领袖。他的著作很多,最重要的是 *The School and Society*, 1899; *Studies in Logical Theory*, 1903; *Influence of Darwin on Philosophy, and other Essays*, 1910; *How We Think*, 1910; *Ethics*, (with Tufts), 1909; *Essays in Experimental Logic*, 1916; *Democracy and Education*, 1916; *Creative Intelligence* (with others) 1917。他做的书都不很容易读,不像詹姆士的书有通俗的能力。但是在思想界里面,杜威的影响实在比詹姆士还大。有许多反对詹姆士的实验主义的哲学家,对于杜威都不能不表敬意。他的教育学说影响更大,所以有人称他做"教师的教师"(The Teacher of Teachers)。

杜威在哲学史上是一个大革命家。为什么呢?因为他把欧洲近世哲学从休谟(Hume)和康德(Kant)以来的哲学根本问题一齐抹煞,一齐认为没有讨论的价值。一切理性派与经验派的争论,一切唯心论和唯物论的争论,一切从康德以来的知识论,在杜威的眼里,都是不成问题的争论,都可"以不了了之"。杜威说,"知识上的进步有两条道路。有的时候,旧的观念范围扩大了,研究得更精密了,更细腻了,知识因此就增加了。有的时候,人心觉得有些老问题实在不值得讨论了,从前火一般热的意思现在变冷了,从前很关切的现在觉得不关紧要了。在这种时候,知识的进步不在于增添,在于减少;不在分量的增加,在于性质的变换。那些老问题未必就解决了,但是他们可以不用解决了。"(*Creative Intelligence* P.3)这就是我们中国人所讲的"以不了了之"。

杜威说近代哲学的根本大错误就是不曾懂得"经验"(Experience)究竟是个什么东西。一切理性派和经验派的争论,唯心唯实的争论,都只是由于不曾懂得什么叫做经验。他说旧派哲学对于"经验"的见解有五种错误:

一、旧派人说经验完全是知识。其实依现在的眼光看来,经验确是一个活人对于自然的环境和社会的环境所起的一切交涉。

二、旧说以为经验是心境的,里面全是"主观性"。其实经验只是一个物观的世界,走进人类的行为遭遇里面,受了人类的反动发生种种变迁。

三、旧说于现状之外只是承认一个过去,以为经验的元素只是记着经过了的事。其实活的经验是试验的,是要变换现有的物事;他的特性在于一种"投影"的作用,伸向那不知道的前途;他的主要性质在于连络未来。

四、旧式的经验是专向个体的分子的。一切联络的关系都当作从经验外面侵入的,究竟可靠不可靠还不可知。但是我们若把经验当作应付环境和约束环境的事,那么经验里面便含有无数联络,无数贯串的关系。

五、旧派的人把经验和思想看作绝相反的东西。他们以为一切推理的作用都是跳出经验以外的事。但是我们所谓经验里面含有无数推论。没有一种有意识的经验没有推论的作用。(P.7—8)

这五种区别,很是重要,因为这就是杜威的哲学革命的根本理由。既不承认经验就是知识,那么三百多年以来把哲学几乎完全变成认识论,便是大错了;那么哲学的性质,范围,方法,都要改变过了。既不承认经验是主观的,反过来既承认经验是人应付环境的事业,那么一切唯心唯实的争论都不成问题了。既不承认经验完全是细碎不联络的分子(如印象,意象,感情之类),反过来既承认联络贯串是经验本分内的事,那么一切经验派和理性派的纷争,连带休谟的怀疑哲学和康德那些支离繁碎的心法范畴,都可以丢在脑背后了。

最要紧的是第三第五两种区别。杜威把经验看作对付未来,预料未来,联络未来的事,又把经验和思想看作一件事。这是极重要的观念。照这种说法,经验是向前的,不是回想的;是推理的,不是完全堆积的;是主动的不是静止的,也不是被动的;是创造的思想活动,不是细碎的记忆账簿。

杜威受了近世生物进化论的影响最大,所以他的哲学完全带着生物进化学说的意义。他说"经验就是生活;生活不是在虚空里面的,乃是在一个环境里面的,乃是由于这个环境的。"(P.8)"我们人手里的大问题,是:怎样对付外面的变迁才可使这些变迁朝着能于我们将来的活动有益的一个方向走。外境的势力虽然也有帮助我们的地方,但是人的生活决不是笼着手太太平平的坐享环境的供养。人不能不奋斗;不能不利用环境直接供给我们的助力,把来间接造成别种变迁。生活的进行全在能管理环境。生活的活动必须把周围的变迁———变换过；必须使有害的势力变成无害的势力；必须使无害的势力变成帮助我们的势力。"(P. 9)

这就是杜威所说的"经验"。经验不是一本老账簿；经验乃是一个有孕的妇人；经验乃是现在的里面怀着将来的活动。简单一句话，"经验不光是知识，经验乃我对付物，物对付我的法子。"(P. 37)知识自然是重要的，因为知识乃是应付将来的工具。因为知识是重要的，所以古人竟把经验完全看作知识的事，还有更荒谬的人竟把知识当作看戏一样，把知识的心当作一个看戏的人对着戏台上穿红的进去穿绿的出来，毫没有关系，完全处于旁观的地位。这就错了。要知道知识所以重要，正因为他是一种应用的工具，是用来推测将来的经验的。人类的经验全是一种"应付的行为"(Responsive behavior)。凡是有意识的应付的行为都有一种特别性质与旁的应付不同；这种特性就是先见和推测的作用。这种先见之明引起选择去取的动作，这便是知识的意义。这种动作的成绩便可拿来评定那种先见的高下。

如此看来，可见思想的重要。杜威常引弥儿的话道，"推论乃是人生一大事。……只有这件事是人的心思无时无刻不做的。"他常说思想能使经验脱离无意识的性欲行为；能使人用已知的事物推测未知的事物；能使人利用现在预料将来；能使人悬想新鲜的目的，繁复丰富的效果；能使经验永远增加意义，扩张范围，开辟新天地。所以杜威一系的人把思想尊为"创造的智慧"(Creative Intelligence)。思想是人类应付环境的唯一工具，是人类创造未来新天地的工具，所以当得起"创造的智慧"这个尊号。

杜威说，"知识乃是一件人的事业，人人都该做的，并不是几个上流人或几个专门哲学家科学家所能独享的美术赏鉴力。"(P. 64)从前哲学的大病就是把知识思想当作了一种上等人的美术赏鉴力,与人生行为毫无关系;所以从前的哲学钻来钻去总跳不出"本体"、"现象"、"主观"、"外物"等等不成问题的争论。现在我们受了生物学的教训,就该老实承认经验就是生活,生活就是人与环境的交互行为,就是思想的作用指挥一切能力,利用环境,征服他,约束他,支配他,使生活的内容外域永远增加,使生活的能力格外自由,使生活的意味格外浓厚。因此,我们就该承认哲学的范围,方法,性质,都该有一场根本的大改革。这种改革,杜威不叫做哲学革命,他说这是"哲学的光复"(A Recovery of Philosophy)。他说,"哲学如果不弄那些'哲学家的问题'了,如果变成对付'人的问题'的哲学方法了,那时候便是哲学光复的日子到了。"(P. 65)

以上所说是杜威的哲学的根本观念。这些根本观念,总括起来,是(1)经验就是生活,生活就是对付人类周围的环境;(2)在这种应付环境的行为之中,思想的作用最为重要;一切有意识的行为都含有思想的作用;思想乃是应付环境的工具;(3)真正的哲学必须抛弃从前种种玩意儿的"哲学家的问题",必须变成解决"人的问题"的方法。

这个"解决人的问题的哲学方法"又是什么呢?这个不消说得,自然是怎样使人能有那种"创造的智慧",自然是怎样使人能根据现有的需要,悬想一个新鲜的将来,还要能创造方法工具,好使那个悬想的将来真能实现。

六、杜威论思想

杜威先生的哲学的基本观念是:"经验即是生活,生活即是应付环境";但是应付环境有高下的程度不同。许多蛆在粪窖里滚来滚去，滚上滚下；滚到墙壁，也会转弯子。这也是对付环境。一个蜜蜂飞进屋里打几个回旋，嗖的一声直飞向玻璃窗上，头碰玻璃，跌倒在地；他挣扎起来，还向玻璃窗上飞，这一回小心了，不致碰破头；他飞到玻璃上，爬来爬去，想寻一条出路；他的"指南针"只是光线，他不懂这光明的玻璃何以不同那光明的空气一样，何以飞不出去！这也是应付环境。一个人出去探险，走进一个无边无际的大树林里，迷了路，走不出来了。他爬上树顶，用千里镜四面观望，也看不出一条出路。他坐下来仔细一想，忽听得远远的有流水的声音；他忽然想起水流必定出山，人跟着水走，必定可以走出去。主意已定，他先寻到水边，跟着水走，果然走出了危险。这也是应付环境。以上三种应付环境，所以高下不同，正为知识的程度不同。蛆的应付环境，完全是无意识的作用；蜜蜂能用光线的指导去寻出路，已可算是有意识的作用了，但他不懂得光线有时未必就是出路的记号，所以他碰着玻璃就受窘了；人是有知识能思想的动物，所以他迷路时，不慌不忙的爬上树顶，取出千里镜，或是寻着溪流，跟着水路出去。人的生活所以尊贵，正为人有这种高等的应付环境的思想能力。故杜威的哲学基本观念是："知识思想是人生应付环境的工具。"知识思想是一种人生日用必不可少的工具，并不是哲学家的玩意儿和奢侈品。

总括一句话，杜威哲学的最大目的，只是怎样能使人类养成那种"创造的智慧"（Creative Intelligence），使人应付种种环境充分满意。换句话说，杜威的哲学的最大目的是怎样能使人有创造的思想力。

因为思想在杜威的哲学系统里占如此重要的地位，所以我现在介绍杜威的思想论。

思想究竟是什么呢？第一，戏台上说的"思想起来，好不伤惨人也",那个"思想"是回想,是追想,不是杜威所说的"思想"。第二,平常人说的"你不要胡思乱想",那种"思想"是"妄想",也不是杜威所说的"思想"。杜威说的思想是用已知的事物作根据,由此推测出别种事物或真理的作用。这种作用,在论理学书上叫做"推论的作用"(Inference)。推论的作用只是从已知的物事推到未知的物事,有前者作根据,使人对于后者发生信用。这种作用,是有根据有条理的思想作用。这才是杜威所指的"思想"。这种思想有两大特性:(1)须先有一种疑惑困难的情境做起点。(2)须有寻思搜索的作用,要寻出新事物或新知识来解决这种疑惑困难。譬如上文所举那个在树林中迷了路的人,他在树林里东行西走,迷了方向寻不出路子:这便是一种疑惑困难的情境。这是第一个条件。那迷路的人爬上树顶远望,或取出千里镜四望,或寻到流水,跟水出山:这都是寻思搜索的作用。这是第二个条件。这两个条件都很重要。人都知"寻思搜索"是很重要的,但是很少人知道疑难的境地也是一个不可少的条件。因为我们平常的动作,如吃饭呼吸之类,多是不用思想的动作;有时偶有思想,也不过是东鳞西爪的胡思乱想。直到疑难发生时,方才发生思想推考的作用。有了疑难的问题,便定了思想的目的;这个目的便是如何解决这个困难。有了这个目的,此时的寻思搜索便都向着这个目的上去,便不是无目的的胡思乱想了。所以杜威说:"疑难的问题,定思想的目的;思想的目的,定思想的进行。"

杜威论思想,分作五步说:(一)疑难的境地;(二)指定疑难之点究竟在什么地方;(三)假定种种解决疑难的方法;(四)把每种假定所涵的结果,一一想出来,看那一个假定能够解决这个困难;(五)证实这种解决使人信用;或证明这种解决的谬误,使人不信用。

（一）思想的起点是一种疑难的境地。——上文说过，杜威一派的学者认定思想为人类应付环境的工具。人类的生活若是处处没有障碍，时时方便如意，那就用不着思想了。但是人生的环境，常有更换，常有不测的变迁。到了新奇的局面，遇着不曾经惯的物事，从前那种习惯的生活方法都不中用了。譬如看中国白话小说的人，看到正高兴的时候，忽然碰着一段极难懂的话，自然发生一种疑难。又譬如上文那个迷路了路的人，走来走去，走不出去：平时的走路本事，都不中用了。到了这种境地，我们便寻思："这句书怎么解呢？""这个大树林的出路怎么寻得出呢？""这件事怎么办呢？""这便如何是好呢？"这些疑问便是思想的起点。一切有用的思想，都起于一个疑问符号。一切科学的发明，都起于实际上或思想界里的疑惑困难。宋朝的程颐说，"学原于思"。这话固然不错，但是悬空讲"思"，是没有用的。他应该说，"学原于思，思起于疑"。疑难是思想的第一步。

（二）指定疑难之点究竟在何处。——有些疑难是很容易指定的，例如上文那个人迷了路，他的问题是怎么寻一条出险的路子，这是很容易指定的。但是有许多疑难，我们虽然觉得是疑难，但一时不容易指定究竟那一点是疑难的真问题。我且举一个例。《墨子·小取篇》有一句话："辟（譬）也者，举也物而以明之也。"初读的时候，我们觉得"举也物"三个字不可解，是一种疑难。毕沅注《墨子》径说这个"也"字是衍文，删了便是了。王念孙读到这里，觉得毕沅看错疑难的所在了。因为这句话里的真疑难不在一个"也"字的多少，乃在研究这个地方既然跑出一个"也"字来，究竟这个字可以有解说没有解说。如果先断定这个"也"字是衍文，那就近于武断，不是科学的思想了。这一步的工夫，平常人往往忽略过去，以为可以不必特别提出。（看《新潮》杂志第一卷第四号汪敬熙君的《什么是思想》。)杜威以为这一步是很重要的。这一步就同医生的"脉案",西医的"诊断",一般重要。你请一个医生来看病,你先告诉他,说你有点头痛,发热,肚痛……你昨天吃了两只螃蟹,又喝了一杯冰忌令,大概是伤了食。这是你胡乱猜想的话,不大靠得住。那位医生如果是一位好医生,他一定不睬你说的什么。他先看你的舌苔,把你的脉,看你的气色,问你肚子那一块作痛,大便如何,看你的热度如何……然后下一个"诊断",断定你的病究竟在什么地方。若不如此,他便是犯了武断不细心的大毛病了。

（三）提出种种假定的解决方法。——既经认定疑难在什么地方了,稍有经验的人,自然会从所有的经验,知识,学问里面,提出种种的解决方法。例如上文那个迷路的人要有一条出路,他的经验告诉他爬上树顶去望望看,这是第一个解决法。这个法子不行,他又取出千里镜来,四面远望,这是第二个解决法。这个法子又不行,他的经验告诉他远远的花郎花郎的声音是流水的声音;他的学问又告诉他说,水流必有出路,人跟着水行必定可以寻一条出路。这是第三个解决法。这都是假定的解决。又如上文所说《墨子》"辟也者,举也物而以明之也"一句。毕沅说"也物"的"也"是衍文,这是第一个解决。王念孙说"也"字当作"他"字解;"举也物"即是"举他物":这是第二个解决。——这些假定的解决,是思想的最要紧的一部分,可以算是思想的骨干。我们说某人能思想,其实只是说某人能随时提出种种假定的意思来解决所遇着的困难。但是我们不可忘记,这些假设的解决,都是从经验学问上生出来的。没有经验学问,决没有这些假定的解决。有了学问,若不能随时发生解决疑难的假设,那便成了吃饭的书橱,有学问等于无学问。经验学问所以可贵,正为他们可以供给这些假设的解决的材料。

（四）决定那一种假设是适用的解决。——有时候，一个疑难的问题能引起好几个假设的解决法。即如上文迷路的例，有三种假设；一句《墨子》有两种解法。思想的人，遇着几种解决法发生时，应该把每种假设所涵的意义，一一的演出来：如果用这一种假设，应该有什么结果呢？这种结果是否能解决所遇的疑难？如果某种假设，比较起来最能解决困难，我们便可采用这种解决？例如《墨子》的"举也物"一句，毕沅的假设是删去"也"字，如果用这个假设，有两层结果：第一，删去这个字，成了"举物而以明之也"，虽可以勉强讲得通，但是牵强得很；第二，校勘学的方法，最忌"无故衍字"，凡衍一字必须问当初写书的人，何以多写了一个字；我们虽可以说抄《墨子》的人因上下文都有"也"字，所以无心中多写了一个"也"字，但是这个"也"字是一个煞尾的字，何以在句中多出这个字来？如此看来，毕沅的假设虽可勉强解说，但是总不能充分满意。再看王念孙的解说，把"也"字当作"他"字，这也有两层结果：第一，"举他物而以明之也"，举他物来说明此物，正是"譬"字的意义；第二，他字本作它，古写像也字，故容易互混；既可互混，古书中当不止这一处；再看《墨子》书中，如《备城门》篇，如《小取》篇的"无也故焉"，"也者同也"，都是他字写作也字。如此看来，这个假定解决的涵义果然能解决本文的疑难，所以应该采用这个假设。

（五）证明。——第四步所采用的解决法，还只是假定的，究竟是否真实可靠，还不能十分确定，必须有实地的证明，方才可以使人信仰；若不能证实，便不能使人信用，至多不过是一个假定罢了。已证实的假设，能使人信用，便成了"真理"。例如上文所举《墨子》书中，"举也物"一句，王念孙能寻出"无也故焉"和许多同类的例,来证明《墨子》书中"他"字常写作"也"字,这个假设的解决便成了可信的真理了。又如那个迷路的人,跟着水流,果然出了险,他那个假设便成了真正适用的解决法了。这种证明比较是很容易的。有时候,一种假设的意思,不容易证明,因为这种假设的证明所需要的情形平常不容易遇着,必须特地造出这种情形,方才可以试验那种假设的是非。凡科学上的证明,大概都是这一种,我们叫做"实验"。譬如科学家葛理赖(Galileo)观察抽气筒能使水升高至三十四尺,但是不能再上去了。他心想这个大概是因为空气有重量,有压力,所以水不能上去了。这是一个假设,不曾证实。他的弟子佗里杰利(Torricelli)心想如果水的升至三十四英尺是空气压力所致,那么,水银比水重十三又十分之六倍,只能升高到三十英寸。他试验起来,果然不错。那时葛理赖已死了。后来又有一位哲学家柏斯嘉(Pascal)心想如果佗里杰利的气压说不错,那么,山顶上的空气比山脚下的空气稀得多,拿了水银管子上山,水银应该下降。所以他叫他的亲戚拿了一管水银走上劈得东山,水银果然逐渐低下,到山顶时水银比平地要低三寸。于是从前的假设,真成了科学的真理了。思想的结果到了这个地步,不但可以解决面前的疑难,简直是发明真理,供以后的人大家受用,功用更大了。

以上说杜威分析思想的五步。这种说法,有几点很可特别注意。(1)思想的起点是实际上的困难,因为要解决这种困难,所以要思想;思想的结果,疑难解决了,实际上的活动照常进行;有了这一番思想作用,经验更丰富一些,以后应付疑难境地的本领就更增长一些。思想起于应用,终于应用;思想是运用从前的经验,来帮助现在的生活,更预备将来的生活。(2)思想的作用,不单是演绎法,也不单是归纳法;不单是从普通的定理里面演出个体的断案，也不单是从个体的事物里面抽出一个普遍的通则。看这五步，从第一步到第三步，是偏向归纳法的，是先考察眼前的特别事实和情形，然后发生一些假定的通则；但是从第三步到第五步，是偏向演绎法的，是先有了通则，再把这些通则所涵的意义一一演出来，有了某种前提，必然要有某种结果：更用直接或间接的方法，证明某种前提是否真能发生某种效果。懂得这个道理，便知道两千年来西洋的"法式的论理学"（Formal Logic）单教人牢记 A E I O 等等法式和求同求异等等细则，都不是训练思想力的正当方法。思想的真正训练，是要使人有真切的经验来作假设的来源；使人有批评判断种种假设的能力；使人能造出方法来证明假设的是非真假。

杜威一系的哲学家论思想的作用，最注意"假设"。试看上文所说的五步之中，最重要的就是第三步。第一步和第二步的工夫只是要引起这第三步的种种假设；以下第四第五两步只是把第三步的假设演绎出来，加上评判，加上证验，以定那种假设是否适用的解决法。这第三步的假设是承上启下的关键，是归纳法和演绎法的关头。我们研究这第三步，应该知道这一步在临时思想的时候是不可强求的；是自然涌上来，如潮水一样，压制不住的；他若不来时，随你怎样搔头抓耳，挖尽心血，都不中用。假使你在大树林里迷了路，你脑子里熟读的一部穆勒《名学》或陈文《名学讲义》，都无济于事，都不能供给你"寻着流水，跟着水走出去"的一个假设的解决。所以思想训练的着手工夫在于使人有许多活的学问知识。活的学问知识的最大来源在于人生有意识的活动。使活动事业得来的经验，是真实可靠的学问知识。这种有意识的活动，不但能增加我们假设意思的来源，还可训练我们时时刻刻拿当前的问题来限制假设的范围，不至于上天下地的胡思乱想。

还有一层，人生实际的事业，处处是实用的，处处用效果来证实理论，可以养成我们用效果来评判假设的能力，可以养成我们的实验的态度。养成了实验的习惯，每起一个假设，自然会推想到他所涵的效果，自然会来用这种推想出来的效果来评判原有的假设的价值。这才是思想训练的效果，这才是思想能力的养成。

〔参考书〕
  Dewey: *How We Think*, *Chapters* Ⅰ, Ⅱ, Ⅲ, Ⅳ, Ⅶ, Ⅷ.
  又　*Democracy and Education*, ChapterXXV.

七、杜威的教育哲学

杜威先生常说，"哲学就是广义的教育学说"。这就是说哲学便是教育哲学。

这句话初听了很可怪。其实我们如果仔细一想，便知道这句话是不错的。我们试问古往今来的哲学家那一个不是教育家？那一个没有一种教育学说？那一种教育学说不是根据于哲学的？

我且举几个例。我们小时候读《三字经》开端就是"人之初，性本善，性相近，习相远；苟不教，性乃迁。"这几句说的是孔子的教育哲学。《三字经》是宋朝人做的，所代表的又是程子朱子一派的教育哲学。再翻开朱注的《论语》，第一章"学而时习之"的底下注语道："学之为言效也。人性皆善而觉有先后。后觉者必效先觉之所为，乃可以明善而复其初也。"请看他们把学字解作仿效，把教育的目的看作"明善而复其初"：这不是极重要的教育学说吗？我们如研究哲学史，便知道这几句注语里面，不但是解释孔子的话，并且含有禅家明心见性的影响。这不是很明白的例吗？

再翻开各家的哲学书,从老子直到蔡元培,从老子的"常使民无知无欲",直到蔡元培的"以美育代宗教",那一家的哲学不是教育学说呢?

懂得这个道理,然后可以知道杜威先生的哲学和他的教育学说的关系。

杜威的教育学说,大旨都在郑宗海先生所译的《杜威教育主义》(《新教育》第二期)里面。现在且先把那篇文章的精华提出来写在下面(译笔略与郑先生不同):

一、什么是教育?

教育的进行在于个人参与人类之社会的观念。……真教育只有一种,只有儿童被种种社会环境的需要所挑起的才能的活动;这才是真教育。

二、什么是学校?

学校本来是一种社会的组织。教育既是由社会生活上进行,学校不过是一种团体生活,凡是能使儿童将来得享受人类的遗产和运用他自己的能力为群众谋福利的种种势力,都集合在里面。简单说来,教育即是生活,并不是将来生活的预备。

三、什么是教材?

学校科目交互关系的中心点不在理学,不在文学,不在历史,不在地理,乃在儿童自己的社会生活。

总而言之,我深信我们应该把教育看作经验的继续再造;教育的目的与教育的进行是一件事,不是两件事。

四、方法的性质。

方法的问题即是儿童的能力和兴趣发展的次序的问题。

(一)儿童天性的发展,主动的方面先于被动的方面……动作先于有意识的感觉。意思(知识的和推理的作用)乃是动作的结果,并且是因为要主持动作才发生的。平常所谓"理性",不过是有条理有效果的动作之一种法子,并不是在动作行为之外可以发达得出来的。

(二)影像(Images)乃是教授的大利器。儿童对于学科所得到的不过是他自己对于这一科所构成的影像。……现在我们用在预备工课和教授工课上的许多时间和精力,正可用来训练儿童构成影像的能力,要使儿童对于所接触的种种物事都能随时发生清楚明了又时时长进的影像。

(三)儿童的兴趣即是才力发生的记号。……某种兴趣的发生,即是表示这个儿童将要进到某步程度。……凡兴趣都是能力的记号,最要紧的是寻出这种能力是什么。

(四)感情乃是动作的自然反应。若偏向激动感情,不问有无相当的动作,必致于养成不健全和乖辟的心境。

五、社会进化与学校。

教育乃是社会进化和改良的根本方法。……教育根据于社会观念,支配个人的活动,这便是社会革新的唯一可靠的方法。

这种教育见解,对于个人主义和社会主义的理想都有适当的容纳。一方面是个人的,因为这种主张承认一种品行的养成是正当生活的真基础。一方面是社会的,因为这种学说承认这种良好的品行不是单有个人的训戒教导便能造成的;乃是倚靠一种社会生活的影响才能养成的。

以上所记,可说是杜威教育学说的要旨。再总括起来,便只有两句话:

(一)"教育即是生活。"

(二)"教育即是继续不断的重新组织经验,要使经验的意义格外增加,要使个人主持指挥后来经验的能力格外增加。"(De-

mocracy and Education, P. 89—90)

我所要说的杜威教育哲学,不过是说明这两句话的哲学根据。我且先解释这两句话的意义。

这两句话其实即是一句话。(一)即是(二),所以我且解说第二句话。"教育即是继续不断的重新组织经验。"怎么讲呢?经验即是生活。生活即是应付人生四围的境地;即是改变所接触的事物,使有害的变为无害的,使无害的变为有益的。这种活动是人生不能免的。从婴孩到长大,从长成到老死,都免不了这种活动。这种活动各有教育的作用,因为每一种活动即是增添一点经验,即是"学"了一种学问。每次所得的经验,和已有的经验合拢起来,起一种重新组织;这种重新组织过的经验,又留作以后经验的参考资料和应用工具。如此递进,永永不已。所以说,"教育是继续不断的重新组织经验"。怎么说"使经验的意义格外增加"呢?意义的增加就是格外能看出我们所作活动的连贯关系。杜威常举一个例:有一个小孩子伸手去抓一团火光,把手烫了。从此以后,他就知道眼里所见的某种视觉是和手的某种触觉有关系的;更进一步,他就知道某种光是和某种热有关系的。高等的化学家在试验室里作种种活动,寻出火光的种种性质,其实同那小孩子的经验是一样的道理。总而言之,只是寻出事物的关系。懂得种种关系,便能预先安排某种原因发生某种效果。这便是增加经验意义。怎么说"使个人主持后来经验的能力格外增加"呢?懂得经验的意义,能安排某种原因发生某种结果,这便是说我们可以推知未来,可以预先筹备怎样得到良好的结果,怎样免去不良好的结果。这就是加添我们主持后来经验的能力了。

杜威这种教育学说和别人根本不同之处就在于把"目的"和"进行"看作一件事。这句话表面上似乎不通,其实不错。杜威说:"活动的经验是占时间的,他的后一步补足他的前一步;前面不曾觉得的关系,也可明白了。后面的结果,表出前面的意义。这种经验的全体又养成趋向有这种意义的事物的习惯。每一种这样继续不断的经验是有教育作用的。一切教育只在于有这种经验。"(同上书,页91—92)

这种教育学说的哲学根据,就是杜威的实验主义。实验主义的大旨,我已在前面说过了。如今单提出杜威哲学中和教育学说最有密切关系的知识论和道德论,略说一点。

一、知识论(Democracy and Education, Chap. 25)

杜威说古代以来的知识论的最大病根,在于经验派和理性派的区别太严了。古代的社会阶级很严,有劳心和劳力的,治人的和被治的,出令的和受令的,贵族和小百姓,种种区别。所以论知识也有经验和理性,个体与共相,心与物,心与身,智力与感情,种种区别。这许多区别,在现在的民主社会里都不能成立,都不应该存在。从学理一方面看来,更不能成立。杜威提出三条理由如下:

(一)现代生理学和心理学互相印证,证明一切心的作用都和神经系统有密切关系。神经系统使一切身体的作用同力合作。外面环境来的激刺和里面发出的应付作用,都受脑部的节制支配。神经作用,又不但主持应付环境的作用,并且有一种特性,使第一次应付能限定下一次的官能激刺作何样子。试着一个雕匠雕刻木头,或是画师画他的油画,便可见神经作用时时刻刻重新组织已有的活动,作为后来活动的预备,使前后的活动成为一贯的连续。处处是"行",处处是"知";知即从行来,即在行里;行即从知来,又即是知。懂得此理,方才可以懂得杜威所说"教育即是生活"的道理。

（二）生物学发达以来，生物进化的观念使人知道从极简单的生物进到人类，都有一贯的程序。最低等的有机体，但有应付环境的活动，却没有心官可说。后来活动更复杂了，智力的作用渐渐不可少，渐渐更重要。有了智力作用，方才可以预料将来，可以安排布置。这种生物进化论出世以后，方才有人觉悟从前的人把智力看作一个物外事外的"旁观者"，把知识看作无求于外，完全独立存在的，这都是错了。生物进化论的教训是说：每个生物是世界的一分子，和世界同受苦，同享福；他所以能居然生存，全靠他能把自己作为环境的一部分，预料未来的结果，使自己的活动适宜于这种变迁的环境，如此看来，人既是世界活动里面的一个参战者，可见知识乃是一种参战活动，知识的价值全靠知识的效能。知识决不是一种冷眼旁观的废物。懂得这个道理，方才可以懂得杜威说的"真教育只是儿童被种种社会环境的需要所挑起的才能的活动"。

（三）近代科学家的方法进步，实验的方法一面教人怎样求知识，一面教人怎样证明所得的知识是否真知识。这种实验的方法和新起的知识论也极有关系。这种方法有两种意义。(1)实验的方法说：除非我们的动作真能发生所期望的变化，决不能说是有了知识，但可说是有了某种假设，某种猜想罢了。真知识是可以试验出效果来的。(2)实验的方法又说：思想是有用的；但思想所以有用，正为思想能正确的观察现在状况，用来作根据，推知未来的效果，以为应付未来的工具。

实验方法的这两层意义都很重要。第一，凡试验不出什么效果来的观念，不能算是真知识。因此，教育的方法和教材都该受这个标准的批评，经得住这种批评的，方才可以存在。第二，思想的作用不是死的，是活的；是要能根据过去的经验对付现在，根据过去与现在对付未来。因此,学校的生活须要能养成这种活动的思想力,养成杜威所常说的"创造的智慧"。

二、道德论(Democracy and Education, Chap. 26)

杜威论人生的行为道德,也极力反对从前哲学家所固执的种种无谓的区别。

(一)主内和主外的区别。主内的偏重行为的动机,偏重人的品性。主外的偏重行为的效果,偏重人的动作。其实这都是一偏之见。动机也不是完全在内的,因为动机都是针对一种外面的境地起来的。品性也不是完全在内的,因为品性往往都是行为的结果:行为成了习惯,便是品行。主外的也不对。行为的结果也不是完全在外的,因为有意识的行为都有一种目的,目的就是先已见到的效果。若没有存心,行为的善恶都不成道德的问题。譬如我无心中掉了十块钱,有人拾去,救了他一命。结果虽好,算不得是道德。至于行为动作有外有内,更显而易见了。杜威论道德,不认古人所定的这些区别。他说,平常的行为,本没有道德和不道德的区别。遇着疑难的境地,可以这样做,也可以那样做;但是这样做便有这等效果,那样做又有那种结果:究竟还是这样做呢?还该那样做呢?到了这个选择去取的时候,方才有一个道德的境地,方才有道德和不道德的问题。这种行为,自始至终,只是一件贯串的活动。没有什么内外的区别。最初估量决择的时候,虽是有些迟疑。究竟疑虑也是活动,决定之后,去彼取此,决心做去,那更是很明显的活动了。这种行为,和平常的行为并无根本的区别。这里面主持的思想,即是平常猜谜演算术的思想,并没有一个特别的良知。这里面所用的参考资料和应用工具,也即是经验和观念之类,并无特别神秘的性质。总而言之,杜威论道德,根本上不承认主内和主外的分别,知也是外,行也是内;动机也是活动,疑虑也是活动,做出来的结果也是活动。若把行为的一部分认作"内",一部分认作"外",那就是把一件整个的活动分作两截,那就是养成知行不一致的习惯,必致于向活动之外另寻道德的教育。活动之外的道德教育,如我们中国的读经修身之类,决不能有良好的效果的。

(二)责任心和兴趣的分别。西洋论道德的,还有一个很严的区别,就是责任心和兴趣的区别。偏重责任心的人说,你"应该"如此做,不管你是否愿意,你总得如此做。中国的董仲舒和德国的康得都是这一类。还有一班人偏重兴趣一方面,说,我高兴这样做,我爱这样做。孔子说的"知之者不如好之者,好之者不如乐之者",便是这个意思。有许多哲学家把"兴趣"看错了,以为兴趣即是自私自利的表示,若跟着"兴趣"做去,必致于偏向自私自利的行为。这派哲学家因此便把兴趣和责任心看作两件绝对相反的东西。所以学校中的道德教育只是要学生脑子里记得许多"应该"做的事,或是用种种外面的奖赏刑罚之类,去监督学生的行为。这种方法,杜威极不赞成。杜威以为责任和兴趣并不是反对的。兴趣并不是自私自利,不过是把我自己和所做的事看作一件事;换句话说,兴趣即是把所做的事认做我自己的活动的一部分。譬如一个医生,当鼠疫盛行的时候,他不顾传染的危险,亲自天天到疫区去医病救人。我们一定说他很有责任心。其实他只不过觉得这种事业是他自己的活动的一部分,所以冒险做去。他若没有这种兴趣,若不能在这种冒险救人的事业里面寻出兴趣,那就随书上怎么把责任心说得天花乱坠,他决不肯去做。如此看来,真正责任心只是一种兴趣。杜威说,"责任"(Duty)古义本是"职务"(Office),只是"执事者各司其事"。兴趣即是把所要做的事认作自己的事。仔细看来,兴趣不但和责任心没有冲突,并且可以补助责任心。没有兴趣的责任,如囚犯作苦工,决不能真有责任心。况且责任是死的,兴趣是活的,兴趣的发生,即是新能力发生的表示,即是新活动的起点。即如上文所说的医生,他初行医的时候,他的责任只在替人医病,并不曾想到鼠疫的事。后来鼠疫发生了,他若是觉得他的兴趣只在平常的医病,他决不会去冒险做疫区救济的事,他所以肯冒传染的危险,正为他此时发生一种新兴趣,把疫区的治疗认作他的事业的一部分,故疫区的危险都不怕了。学校中的德育也是如此,学生对于所做的工课毫无兴趣,怪不得要出去打牌吃酒去了。若是学校的生活能使学生天天发生新兴趣,他自然不想做不道德的事了。这才是真正的道德教育。社会上的道德教育,也是如此。商店的伙计,工厂的工人,一天做十五六点钟的苦工,做的头昏脑闷,毫无兴趣,他们自然要想出去干点不正当的娱乐。圣人的教训,宗教的戒律,到此全归无用。所以现在西洋的新实业家,一方面减少工作的时间,增加工作的报酬,一方面在工厂里或公司里设立种种正当的游戏,使做工的人都觉得所做的事是有趣味的事。有了这种兴趣,不但做事更肯尽职,并且不要去寻那不正当的娱乐了。所以真正的道德教育在于使人对于正当的生活发生兴趣,在于养成对于所做的事发生兴趣的习惯。

结　　论

杜威的教育哲学,全在他的《平民主义与教育》(*Democracy and Education*)一部书里。看他这部书的名字,便可知道他的教育学说是平民主义的教育。古代的社会有贵贱,上下,劳心与劳力,治人与被治种种阶级。古代的知识论和道德论都受有这种阶级制度的影响。所以论知识便有心与身,灵魂与肉体,心与物,经验与理性等等分别;论道德便有内与外,动机与结果,义与利,责任与兴趣等等分别。教育学说也受了这种影响。把知与行,道德与智慧,学校内的工课与学校外的生活,等等,都看作两截不相联贯的事。现代的世界是平民政治的世界,阶级制度根本不能成立。平民政治的两大条件是:(一)一个社会的利益须由这个社会的分子共同享受;(二)个人与个人,团体与团体之间,须有圆满的,自由的交互影响。根据这两大条件,杜威主张平民主义的教育须有两大条件:甲、须养成智能的个性(Intellectual individuality),乙、须养成共同活动的观念和习惯(Co—operation in Activity)。"智能的个性"就是独立思想,独立观察,独立判断的能力。平民主义的教育的第一个条件,就是要使少年人能自己用他的思想力,把经验得来的意思和观念一个个的实地证验,对于一切制度习俗都能存一个疑问的态度,不要把耳朵当眼睛,不要把人家的思想糊里糊涂认作自己的思想。"共同活动"就是对于社会事业和群众关系的兴趣。平民主义的社会是一种股份公司,所以平民主义的教育的第二个条件就是要使人人都有一种同力合作的天性,对于社会的生活和社会的主持都有浓挚的兴趣。

要做到这两大条件,向来的"文字教育"、"记诵教育"、"书房教育"决不够用。数十年来的教育改良,只注意数量的增加(教育普及),却不曾注意根本上的方法改革。杜威的教育哲学的大贡献,只是要把阶级社会曾遗传下来的教育理论和教育制度一齐改革,要使教育出的人才真能应平民主义的社会之用。我这一篇所说杜威的新教育理论,千言万语,只是要打破从前的阶级教育,归到平民主义的教育的两大条件。对于实行的教育制度上,杜威的两大主张是:(1)学校自身须是一种社会的生活,须有社会生活所

应有的种种条件。(2)学校里的学业须要和学校外的生活连贯一气。总而言之,平民主义的教育的根本观念是:

教育即是生活;

教育即是继续不断的重新组织经验,要使经验的意义格外增加,要使个人主宰后来经验的能力格外增加。

民国八年春间演讲稿
七月一日改定稿

《先秦名学史》导论　逻辑与哲学

哲学是受它的方法制约的，也就是说，哲学的发展是决定于逻辑方法的发展的。这在东方和西方的哲学史中都可以找到大量的例证。欧洲大陆和英格兰的近代哲学就是以《方法论》和《新工具》开始的。而中国的近代哲学史则提供了更多有教益的事例。宋代（960—1279）的哲学家，特别是程颢（1032—1085）和他的弟弟程颐（1033—1108）要振兴孔子的哲学，曾发现一篇篇幅不多的名叫《大学》的小书（是上千年留下来的《礼记》这本集子里40多篇中的一篇，约有1750字，作者不明）。他们把它从《礼记》中抽出来，后来便成为儒家经典《四书》中的一部。这桩有趣的事情的产生，在于这些哲学家是很着意于找寻方法论。他们在这小书中找到了那提供他们认为可行的逻辑方法的儒家唯一著作。这本书的主旨摘录如下：

> 物格而后知至，知至而后意诚，意诚而后心正，心正而后身修，身修而后家齐，家齐而后国治，国治而后天下平。

这段叙述由开头三句组成最重要部分。宋学以程氏兄弟及朱熹(1129—1200)为主要代表,主张物必有理,格物在于寻求特殊事物中的理。(《大学》)"所谓致知在格物者,言欲致吾之知,在即物而穷其理也。盖人心之灵,莫不有知,而天下之物,莫不有理。惟于理有未穷,故其知有不尽也。是以大学始教,必使学者即凡天下之物,莫不因其已知之理而益穷之,以求至乎其极。至于用力之久,而一旦豁然贯通焉,则众物之表里精粗无不到,而吾心之全体大用无不明矣。"①

以积蓄学问开始引导至豁然贯通的最后阶段的方法,在明代(1368—1644)王阳明(1472—1529)加以反对之前,一直是新儒学的逻辑方法。王阳明说:"初年与钱友同论做圣贤要格天下之物,如今安得这等大的力量。因指亭前竹子令去格看。钱子早夜去穷格竹子的道理,竭其心思至于三日,便致劳神成疾。当初说他这是精力不足。某因自去穷格,早夜不得其理,到七日,亦以劳思致疾。遂相与叹:'圣贤是做不得的,无他大力量去格物了。'"②

因此,王阳明反对宋学的方法,创立他所认为是《大学》本义的新学。他的新学认为"天下之物本无可格者,其格物之功只有身心上做。"离开心,既无所谓理,也无所谓物。"身之主宰便是心,心之所发便是意,意之本体便是知,意之所在便是物。如意在于事亲,即事亲便是一物。"③这样,王阳明认为"格物"中的"格"字,并不是宋儒所主张的"穷究",而是"正"的意思,有如孟子所说的"大人格君心"的"格"。所以,"格物"并不是指研究事物,而是"去心之不正,以全其本体之正"。简单地说,就是心之"良知","知是心之本体,心自然会知……用致知格物之功胜私复理,即心

---

① 朱熹《四书集注·大学》第五章。
② 《传习录》下。
③ 《传习录》下。

之良知更无障碍,得以充塞流行便是致其知,知致则意诚。"

总之,中国近代哲学的全部历史,从十一世纪到现在,都集中在这作者不明的一千七百五十字的小书的解释上。确实可以这样说,宋学与明学之间的全部争论,就是关于"格物"两字应作"穷究事物"或"正心致良知"的解释问题的争论。

我回顾九百年来的中国哲学史,不能不深感哲学的发展受到逻辑方法的制约影响。最重要的事实是在这长期的争论中,哲学家在找寻方法中已发现了提供某种方法或看来是某种方法(而没有论及其细致用法)的轮廓的一篇短文,这就使得哲学家们能对他们所能设想的任何程序作出解释。很明显,程氏兄弟及朱熹给"格物"一语的解释十分接近归纳方法:即从寻求事物的理开始,旨在借着综合而得最后的启迪。但这是没有对程序作出详细规定的归纳方法。上面说到的王阳明企图穷究竹子之理的故事,就是表明缺乏必要的归纳程序的归纳方法而终归无效的极好例证。这种空虚无效迫使王阳明凭借良知的理论,把心看作与天理同样广大,从而避免了吃力不讨好地探究天下事物之理。

但是宋、明哲学家也有一点是一致的。朱熹和王阳明都同意把"物"作"事"解释①。这一个字的人文主义的解释,决定了近代中国哲学的全部性质与范围。它把哲学限制于人的"事务"和关系的领域。王阳明主张"格物"只能在身心上做。即使宋学探求事事物物之理,也只是研究"诚意"以"正心"②。他们对自然客体的研究提不出科学的方法,也把自己局限于伦理与政治哲学的问题之中。因此,在近代中国哲学的这两个伟大时期中,都没有对

---

① 朱熹在他的《大学》首章注释中说:"物相当于事。"王阳明说:"物者事也。"(见王阳明的《大学问》)

② 黄宗羲:《宋元学案》第十卷,18—46页。

科学的发展作出任何贡献。可能还有许多其他原因足以说明中国之所以缺乏科学研究，但可以毫不夸张地说，哲学方法的性质是其中最重要的原因之一。

对近代中国哲学方法论的发展的这种似乎不需要的冗长说明，就是目前我从事写作关于中国古代的逻辑方法的发展这篇论文的理由。我认为最不幸的是在十一、十二及十六世纪哲学思辩大复兴的障碍是那篇不明作者的，也许是公元前四、三世纪的某一儒家所写的著作，实际上是近代中国哲学的所有学派的《新工具》，它宣布了致知在格物，这或者是受当时科学倾向的不自觉的影响①。但因为科学的影响最多只是不自觉地感到的，因为格物的科学方法为当时的非儒学派所发展却从未被清楚地说明过，又因为《大学》的整个精神以及其他儒家著作都是纯理性的和伦理的，所以，近代中国哲学②与科学的发展曾极大地受害于没有适当的逻辑方法。

现在，中国已与世界的其他思想体系有了接触，那么，近代中国哲学中缺乏的方法论，似乎可以用西方自亚里士多德直至今天已经发展了的哲学的和科学的方法来填补。假如中国满足于把方法论问题仅仅看作是学校里的"精神修养"的一个问题，或看作获致实验室的一种工作方法的问题，这就足够了。但就我看来，问题并不真正如此简单。我认为这只是新中国必须正视的，更大的、更根本的问题的一个方面。

---

① 如果这个论断需要证明，请注意一个科学时代对儒家的不自觉的影响，例如在《孟子》中，有如下的引用语："圣人既竭目力焉，继之以规矩准绳，以为方圆平直，不可胜用也；既竭耳力焉，继之以六律正五音，不可胜用也；既竭心思焉，继之以不忍人之政，而仁覆天下矣。"（《离娄上》）"天之高也，星辰之远也，苟求其故，千岁之日至可坐而致也。"（《离娄下》）还有许多相似的段落可以引证。

② "近代中国"，就哲学和文学来说，要回溯到唐代（公元 618—906）。

这个较大的问题就是：我们中国人如何能在这个骤看起来同我们的固有文化大不相同的新世界里感到泰然自若？一个具有光荣历史以及自己创造了灿烂文化的民族，在一个新的文化中决不会感到自在的。如果那新文化被看作是从外国输入的，并且因民族生存的外在需要而被强加于它的，那么这种不自在是完全自然的，也是合理的。如果对新文化的接受不是有组织的吸收的形式，而是采取突然替换的形式，因而引起旧文化的消亡，这确实是全人类的一个重大损失。因此，真正的问题可以这样说：我们应怎样才能以最有效的方式吸收现代文化，使它能同我们的固有文化相一致、协调和继续发展？

这个较大的问题本身是出现在新旧文化间冲突的各方面。一般说来，在艺术、文学、政治和社会生活方面，基本的问题是相同的。这个大问题的解决，就我所能看到的，唯有依靠新中国知识界领导人物的远见和历史连续性的意识，依靠他们的机智和技巧，能够成功地把现代文化的精华与中国自己的文化精华联结起来。

我们当前较为特殊的问题是：我们在哪里能找到可以有机地联系现代欧美思想体系的合适的基础，使我们能在新旧文化内在调和的新的基础上建立我们自己的科学和哲学？这就不只是介绍几本学校用的逻辑教科书的事情。我对这个问题的揣测就是这样。儒学已长久失去它的生命力，宋明的新学派用两种不属于儒家的逻辑方法去解释死去很久的儒学，并想以此复兴儒学，这两种方法就是：宋学的格物致知；王阳明的致良知。我一方面充分地认识到王阳明学派的价值，同时也不得不认为他的逻辑理论是与科学的程序和精神不两立的。而宋代哲学家对"格物"的解释虽然是对的，但是他们的逻辑方法却是没有效果的，因为：(1)

缺乏实验的程序,(2)忽视了心在格物中积极的、指导的作用,(3)最不幸的是把"物"的意义解释为"事"。

除了这两个学派,儒学久已消失,我确信中国哲学的将来,有赖于从儒学的道德伦理和理性的枷锁中得到解放。这种解放,不能只用大批西方哲学的输入来实现,而只能让儒学回到它本来的地位;也就是恢复它在其历史背景中的地位。儒学曾经只是盛行于古代中国的许多敌对的学派中的一派,因此,只要不把它看作精神的、道德的、哲学的权威的唯一源泉,而只是在灿烂的哲学群星中的一颗明星,那末,儒学的被废黜便不成问题了。

换句话说,中国哲学的未来,似乎大有赖于那些伟大的哲学学派的恢复,这些学派在中国古代一度与儒家学派同时盛行。这种需要已被我们有思考力的人朦胧地或半自觉地觉察到,这可以从这样的事实看出来:尽管反动的运动在宪法上确立儒学,或者把它作为国教,或者把它作为国家道德教育的制度,但都受到国会内外一切有思想的领导人物的有力反对,而对知识分子有影响的期刊在最近几年中几乎没有一期发表关于非儒学各派的哲学学说的论文。

就我自己来说,我认为非儒学派的恢复是绝对需要的,因为在这些学派中可望找到移植西方哲学和科学最佳成果的合适土壤。关于方法论问题,尤其是如此。如为反对独断主义和唯理主义而强调经验,在各方面的研究中充分地发展科学的方法,用历史的或者发展的观点看真理和道德,我认为这些都是西方现代哲学的最重要的贡献,都能在公元前五、四、三世纪中那些伟大的非儒学派中找到遥远而高度发展了的先驱。因此,新中国的责任是借鉴和借助于现代西方哲学去研究这些久已被忽略了的本国的学派。如果用现代哲学去重新解释中国古代哲学,又用中国固有的哲学去解释现代哲学，这样，也只有这样，才能使中国的哲学家和哲学研究在运用思考与研究的新方法与工具时感到心安理得。

我不想被误认为我之所以主张复兴中国古代哲学学派是由于我要求中国在发现那些方法和理论中的优先荣誉这一欲望所促成——那些方法和理论直至今天都被认为发源于西方。我最不赞成以此自傲。仅仅发明或发现在先，而没有后继的努力去改进或完善雏形的东西，那只能是一件憾事，而不能引以为荣。当我看到水手们的指南针，并想到欧洲人借以作出的神奇的发现，便不禁想起我亲眼看到的我国古代天才的这一伟大发明被用于迷信活动而感到羞愧。

我对中国古代逻辑理论与方法的重现的兴趣，就像上面所重复说过的，主要是教学方面的。我渴望我国人民能看到西方的方法对于中国的心灵并不完全是陌生的。相反，利用和借助于中国哲学中许多已经失去的财富就能重新获得。更重要的还是我希望因这种比较的研究可以使中国的哲学研究者能够按照更现代的和更完全的发展成果批判那些前导的理论和方法，并了解古代的中国人为什么没有因而获得现代人所获得的伟大成果。例如：为什么古代中国的自然的和社会的进化理论没有获致革命的效果，而达尔文的理论却产生了现代的思想。进一步说，我希望这样一种比较的研究，可以使中国避免因不经批判地输入欧洲哲学而带来的许多重大错误——诸如在中国学校里教授形式逻辑的古老教科书或者在信赖达尔文进化论的同时，信赖斯宾塞的政治哲学。

这些就是我写中国《先秦名学史》的理由。但愿它成为用中文以外的任何语言向西方介绍古代中国各伟大学派的第一本书！

《中国哲学史大纲》导言

哲学的定义　哲学的定义从来没有一定的。我如今也暂下一个定义："凡研究人生切要的问题，从根本上着想，要寻一个根本的解决：这种学问，叫做哲学。"例如，行为的善恶，乃是人生一个切要问题。平常人对着这问题，或劝人行善去恶，或实行赏善罚恶，这都算不得根本的解决。哲学家遇着这问题，便去研究什么叫做善，什么叫做恶；人的善恶还是天生的呢，还是学得来的呢；我们何以能知道善恶的分别，还是生来有这种观念，还是从阅历经验上学得来的呢；善何以当为，恶何以不当为；还是因为善事有利所以当为，恶事有害所以不当为呢；还是只论善恶，不论利害呢；这些都是善恶问题的根本方面。必须从这些方面着想，方可希望有一个根本的解决。

因为人生切要的问题不止一个，所以哲学的门类也有许多种。例如：

一、天地万物怎样来的。（宇宙论）

二、知识思想的范围、作用及方法。（名学及知识论）

三、人生在世应该如何行为。（人生哲学旧称"伦理学"）

四、怎样才可使人有知识，能思想，行善去恶呢。（教育哲学）

五、社会国家应该如何组织,如何管理。(政治哲学)

六、人生究竟有何归宿。(宗教哲学)

哲学史 这种种人生切要问题,自古以来,经过了许多哲学家的研究。往往有一个问题发生以后,各人有各人的见解,各人有各人的解决方法,遂致互相辩论。有时一种问题过了几千百年,还没有一定的解决法。例如,孟子说人性是善的,告子说性无善无不善,荀子说性是恶的。到了后世,又有人说性有上、中、下三品,又有人说性是无善无恶可善可恶的。若有人把种种哲学问题的种种研究法和种种解决方法,都依着年代的先后和学派的系统,一一记叙下来,便成了哲学史。

哲学史的种类也有许多:

一、通史。例如,《中国哲学史》、《西洋哲学史》之类。

二、专史。

(一)专治一个时代的。例如,《希腊哲学史》、《明儒学案》。

(二)专治一个学派的。例如,《禅学史》、《斯多亚派哲学史》。

(三)专讲一人的学说的。例如,《王阳明的哲学》、《康德的哲学》。

(四)专讲哲学的一部分的历史。例如,《名学史》、《人生哲学史》、《心理学史》。

哲学史有三个目的:

(一)明变。哲学史第一要务,在于使学者知道古今思想沿革变迁的线索。例如,孟子、荀子同是儒家,但是孟子、荀子的学说和孔子不同,孟子又和荀子不同。又如,宋儒、明儒也都自称孔氏,但是宋明的儒学,并不是孔子的儒学,也不是孟子、荀子的儒学。但是这个不同之中,却也有个相同的所在,又有个一线相承的所在。这种同异沿革的线索,非有哲学史,不能明白写出来。

（二）求因。哲学史目的，不但要指出哲学思想沿革变迁的线索，还须要寻出这些沿革变迁的原因。例如，程子、朱子的哲学，何以不同于孔子、孟子的哲学？陆象山、王阳明的哲学，又何以不同于程子、朱子呢？这些原因，约有三种：

（甲）个人才性不同。

（乙）所处的时势不同。

（丙）所受的思想学术不同。

（三）评判。既知思想的变迁和所以变迁的原因了，哲学史的责任还没有完，还须要使学者知道各家学说的价值：这便叫做评判。但是我说的评判，并不是把做哲学史的人自己的眼光，来批评古人的是非得失。那种"主观的"评判，没有什么大用处。如今所说，乃是"客观的"评判。这种评判法，要把每一家学说所发生的效果表示出来。这些效果的价值，便是那种学说的价值。这些效果，大概可分为三种：

（甲）要看一家学说在同时的思想，和后来的思想上发生何种影响。

（乙）要看一家学说在风俗政治上，发生何种影响。

（丙）要看一家学说的结果，可造出什么样的人格来。

例如，古代的"命定主义"，说得最痛切的，莫如庄子。庄子把天道看作无所不在，无所不包，故说："庸讵知吾所谓天之非人乎？所谓人之非天乎？"因此他有"乘化以待尽"的学说。这种学说，在当时遇着荀子，便发生一种反动力。荀子说"庄子蔽于天而不知人"，所以荀子的《天论》极力主张征服天行，以利人事。但是后来庄子这种学说的影响，养成一种乐天安命的思想，牢不可破。在社会上，好的效果，便是一种达观主义；不好的效果，便是懒惰不肯进取的心理。造成的人才，好的便是陶渊明、苏东坡；不好的便是刘伶一类达观的废物了。

中国哲学在世界哲学史上的位置　世界上的哲学大概可分为东西两支。东支又分印度、中国两系。西支也分希腊、犹太两系。初起的时候,这四系都可算作独立发生的。到了汉以后,犹太系加入希腊系,成了欧洲中古的哲学。印度系加入中国系,成了中国中古的哲学。到了近代,印度系的势力渐衰,儒家复起,遂产生了中国近世的哲学,历宋、元、明、清直到于今。欧洲的思想,渐渐脱离了犹太系的势力,遂产生欧洲的近世哲学。到了今日,这两大支的哲学互相接触,互相影响。五十年后,一百年后,或竟能发生一种世界的哲学,也未可知。

附　世界哲学统系图

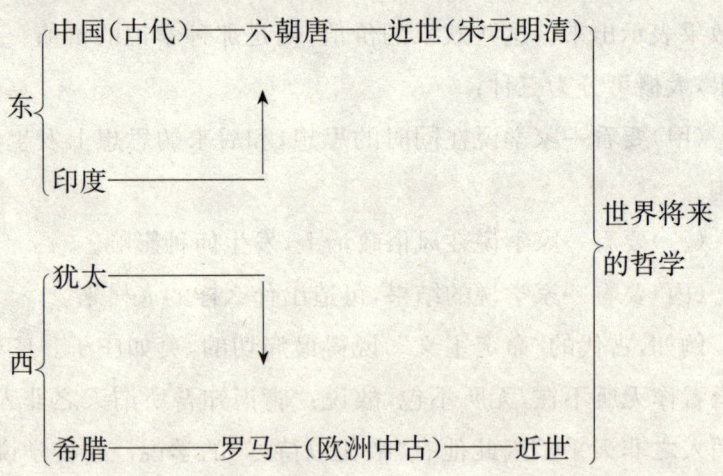

中国哲学史的区分　中国哲学史可分三个时代:

(一)古代哲学。自老子至韩非,为古代哲学。这个时代,又名"诸子哲学"。

(二)中世哲学。自汉至北宋,为中世哲学。这个时代,大略又可分作两个时期：

（甲）中世第一时期。自汉至晋，为中世第一时期。这一时期的学派，无论如何不同，都还是以古代诸子的哲学作起点的。例如，《淮南子》是折衷古代各家的；董仲舒是儒家的一支；王充的"天论"得力于道家，"性论"折衷于各家；魏晋的老庄之学，更不用说了。

（乙）中世第二时期。自东晋以后，直到北宋，这几百年中间，是印度哲学在中国最盛的时代。印度的经典，次第输入中国。印度的宇宙论、人生观、知识论、名学、宗教哲学，都能于诸子哲学之外，别开生面，别放光彩。此时凡是第一流的中国思想家，如智顗、玄奘、宗密、窥基，多用全副精力，发挥印度哲学。那时的中国系的学者，如王通、韩愈、李翱诸人，全是第二流以下的人物。他们所有的学说，浮泛浅陋，全无精辟独到的见解。故这个时期的哲学，完全以印度系为主体。

（三）近世哲学。唐以后，印度哲学已渐渐成为中国思想文明的一部分。譬如吃美味，中古第二时期是仔细咀嚼的时候，唐以后便是胃里消化的时候了。吃的东西消化时，与人身本有的种种质料结合，别成一些新质料。印度哲学在中国，到了消化的时代，与中国固有的思想结合，所发生的新质料，便是中国近世的哲学。我这话初听了好像近于武断。平心而论，宋明的哲学，或是程朱，或是陆王，表面上虽都不承认和佛家禅宗有何关系，其实没有一派不曾受印度学说的影响的。这种影响，约有两方面：一面是直接的。如由佛家的观心，回到孔子的"操心"，到孟子的"尽心"、"养心"，到《大学》的"正心"：是直接的影响。一面是反动的。佛家见解尽管玄妙，终究是出世的，是"非伦理的"。宋明的儒家，攻击佛家的出世主义，故极力提倡"伦理的"入世主义。明心见性，以成佛果,终是自私自利;正心诚意,以至于齐家、治国、平天下,便是伦理的人生哲学了。这是反动的影响。

明代以后,中国近世哲学完全成立。佛家已衰,儒家成为一尊。于是又生反动力,遂有汉学、宋学之分。清初的汉学家,嫌宋儒用主观的见解,来解古代经典,有"望文生义"、"增字解经"种种流弊。故汉学的方法,只是用古训、古音、古本等等客观的根据,来求经典的原意。故嘉庆以前的汉学、宋学之争,还只是儒家的内讧。但是汉学家既重古训古义,不得不研究与古代儒家同时的子书,用来作参考互证的材料。故清初的诸子学,不过是经学的一种附属品,一种参考书。不料后来的学者,越研究子书,越觉得子书有价值。故孙星衍、王念孙、王引之、顾广圻、俞樾诸人,对于经书与子书,简直没有上下轻重和正道异端的分别了。到了最近世,如孙诒让、章炳麟诸君,竟都用全副精力,发明诸子学。于是从前作经学附属品的诸子学,到此时代,竟成专门学。一般普通学者,崇拜子书,也往往过于儒书。岂但是"附庸蔚为大国",简直是"婢作夫人"了。

综观清代学术变迁的大势,可称为古学昌明的时代。自从有了那些汉学家考据、校勘、训诂的功夫,那些经书子书,方才勉强可以读得。这个时代,有点像欧洲的"再生时代"。(再生时代西名 Renaissance,旧译文艺复兴时代。)欧洲到了"再生时代",昌明古希腊的文学哲学,故能推翻中古"经院哲学"(旧译烦琐哲学,极不通。原文为 Scholasticism,今译原义。)的势力,产出近世的欧洲文化。我们中国到了这个古学昌明的时代,不但有古书可读,又恰当西洋学术思想输入的时代,有西洋的新旧学说可供我们的参考研究。我们今日的学术思想,有这两个大源头:一方面是汉学家传给我们的古书;一方面是西洋的新旧学说。这两大潮流汇合以后,中国若不能产生一种中国的新哲学,那就真是辜负了这个好机会了。

哲学史的史料　上文说哲学史有三个目的:一是明变,二是求因,三是评判。但是哲学史先须做了一番根本功夫,方才可望达到这三个目的。这个根本功夫,叫做述学。述学是用正确的手段,科学的方法,精密的心思,从所有的史料里面,求出各位哲学家的一生行事、思想渊源沿革和学说的真面目。为什么说"学说的真面目"呢?因为古人读书编书最不细心,往往把不相干的人的学说并入某人的学说(例如,《韩非子》的第一篇是张仪说秦王的书。又如《墨子》:《经》上下、《经说》上下、《大取》、《小取》诸篇,决不是墨翟的书);或把假书作为真书(如《管子》、《关尹子》、《晏子春秋》之类);或把后人加入的篇章,作为原有的篇章(此弊诸子书皆不能免。试举《庄子》为例,《庄子》书中伪篇最多。世人竟有认《说剑》、《渔父》诸篇为真者。其他诸篇,更无论矣);或不懂得古人的学说,遂致埋没了(如《墨子·经上》诸篇);或把古书解错了,遂失原意(如汉人用分野、爻辰、卦气说《易经》,宋人用太极图、先天卦位图说《易经》。又如汉人附会《春秋》,来说灾异,宋人颠倒《大学》,任意补增,皆是其例);或各用己意解古书,闹得后来众说纷纷,糊涂混乱(如《大学》中"格物"两字,解者多至70余家。又如老庄之书,说者纷纷,无两家相同者)。有此种种障碍,遂把各家学说的真面目大半失掉了。至于哲学家的一生行事和所居的时代,古人也最不留意。老子可见杨朱;庄周可见鲁哀公;管子能说毛嫱、西施;墨子能见吴起之死和中山之灭;商鞅能知长平之战;韩非能说荆、齐、燕、魏之亡。此类笑柄,不可胜数。《史记》说老子活了一百六十多岁,或言二百余岁,又说孔子死后一百二十九年,老子还不曾死。那种神话,更不足论了。哲学家的时代,既不分明，如何能知道他们思想的传授沿革？最荒谬的是汉朝的刘歆、班固说诸子的学说都出于王官；又说"合其要归，亦六经之支与流裔"(《汉书·艺文志》。看胡适"诸子不出于王官论"，《太平洋》杂志第一卷第七号)。诸子既都出于王官与六经，还有什么别的渊源传授可说？

以上所说，可见"述学"之难。述学的所以难，正为史料或不完备，或不可靠。哲学史的史料，大概可分为两种：一为原料，一为副料。今分说于下：

（一）原料。哲学史的原料，即是各哲学家的著作。近世哲学史对于这一层，大概没有什么大困难。因为近世哲学发生在印书术通行以后，重要的哲学家的著作，都有刻板流传；偶有散失埋没的书，终究不多。但近世哲学史的史料，也不能完全没有疑窦。如谢良佐的《上蔡语录》里，是否有江民表的书？如朱熹的《家礼》是否可信为他自己的主张？这都是可疑的问题。又宋儒以来，各家都有语录，都是门弟子笔记的。这些语录，是否无误记误解之处，也是一个疑问。但是大致看来，近世哲学史料还不至有大困难。到了中世哲学史，便有大困难了。汉代的书，如贾谊的《新书》，董仲舒的《春秋繁露》，都有后人增加的痕迹。又如王充的《论衡》，是汉代一部奇书，但其中如《乱龙篇》极力为董仲舒作土龙求雨一事辩护，与全书的宗旨恰相反。篇末又有"《论衡》终之，故曰'乱龙'。乱者，终也"的话，全无道理。明是后人假造的。此外重复的话极多。伪造的书定不止这一篇。又如仲长统的《昌言》，乃是中国政治哲学史上有数的书，如今已失，仅存三篇。魏晋人的书，散失更多。《三国志》、《晋书》、《世说新语》所称各书，今所存的，不过几部书。如《世说新语》说魏晋注《庄子》的有几十家，今但有郭象注完全存在。《晋书》说鲁胜有《墨辩注》，今看其序，可见那注定极有价值，可惜现在不传了。后人所编的汉魏六朝人的集子，大抵多系东抄西摘而成的，那原本的集子大半都散失了。故中古哲学史料最不完全。我们不能完全恢复魏晋人的哲学著作，是中国哲学史最不幸的事。到了古代哲学史，这个史料问题更困难了。表面上看来，古代哲学史的重要材料，如孔、老、墨、庄、孟、荀、韩非的书，都还存在。仔细研究起来，这些书差不多没有一部是完全可靠的。大概《老子》里假的最少。《孟子》或是全真，或是全假（宋人疑《孟子》者甚多）。依我看来，大约是真的。称"子曰"或"孔子曰"的书极多，但是真可靠的实在不多。《墨子》、《荀子》两部书里，很多后人杂凑伪造的文字。《庄子》一书，大概十分之八九是假造的。《韩非子》也只有十分之一二可靠。此外，如《管子》、《列子》、《晏子春秋》诸书，是后人杂凑成的。《关尹子》、《鹖冠子》、《商君书》，是后人伪造的。《邓析子》也是假书。《尹文子》似乎是真书，但不无后人加入的材料。《公孙龙子》有真有假，又多错误。这是我们所有的原料。更想到《庄子·天下篇》和《荀子·非十二子篇》、《天论篇》、《解蔽篇》，所举它嚣、魏牟、陈仲（即《孟子》之陈仲子）、宋钘（即《孟子》之宋牼）、彭蒙、田骈、慎到（今所传《慎子》五篇是佚文）、惠施、申不害；和王充《论衡》所举的世硕、漆雕开、宓子贱、公孙尼子，都没有著作遗传下来。更想到孔门一脉的儒家，所著书籍，何止大小戴《礼记》里所采的几篇？如此一想，可知中国古代哲学的史料于今所存不过十分之一二，其余的十分之八九，都不曾保存下来。古人称"惠施多方，其书五车"。于今惠施的学说，只剩得一百多个字。若依此比例，恐怕现存的古代史料，还没有十分之一二呢！原著的书既散失了这许多，于今又无发现古书的希望，于是有一班学者，把古书所记各人的残章断句，一一搜集成书。如，汪继培或孙星衍的《尸子》,如马国翰的《玉函山房辑佚书》。这种书可名为"史料钩沉",在哲学史上也极为重要。如惠施的五车书都失掉了,幸亏有《庄子·天下篇》所记的十事,还可以考见他的学说的性质。又如,告子与宋钘的书,都不传了,今幸亏有《孟子》的《告子篇》和《荀子》的《正论篇》,还可以考见他们的学说的大概。又如,各代历史的列传里,也往往保存了许多中古和近世的学说。例如,《后汉书》的《仲长统传》保存了三篇《昌言》;《梁书》的《范缜传》保存了他的《神灭论》。这都是哲学史的原料的一部分。

(二)副料。原料之外,还有一些副料,也极重要。凡古人所作关于哲学家的传记、轶事、评论、学案、书目,都是哲学史的副料。例如,《礼记》中的《檀弓》,《论语》中的十八、十九两篇,《庄子》中的《天下篇》,《荀子》中的《正论篇》、《吕氏春秋》、《韩非子》的《显学篇》,《史记》中各哲学家的列传,皆属于此类。近世文集里有许多传状序跋,也往往可供参考。至于黄宗羲的《明儒学案》及黄宗羲、黄百家、全祖望的《宋元学案》更为重要的哲学史副料。若古代中世的哲学都有这一类的学案,我们今日编哲学史便不至如此困难了。副料的重要,约有三端:第一,各哲学家的年代、家世、事迹,未必在各家著作之中,往往须靠这种副料,方才可以考见。第二,各家哲学的学派系统、传授源流,几乎全靠这种副料作根据。例如,《庄子·天下篇》与《韩非子·显学篇》论墨家派别,为他书所无。《天下篇》说墨家的后人,"以坚白同异之辩相訾,以觭偶不仵之辞相应",可考证后世俗儒所分别的"名家",原不过是墨家的一派。不但"名家出于礼官之说"不能成立,还可证明古代本无所谓"名家"(说详见本书第八篇)。第三,有许多学派的原著已失,全靠这种副料里面,论及这种散佚的学派,借此可以考见他们的学说大旨。如,《庄子·天下篇》所论宋钘、彭蒙、田骈、慎到、惠施、公孙龙、桓团及其他辩者的学说；如《荀子·正论篇》所称宋钘的学说，都是此例。上节所说的"史料钩沉"，也都全靠这些副料里所引的各家学说。

以上论哲学史料是什么。

史料的审定 中国人作史，最不讲究史料。神话官书，都可作史料，全不问这些材料是否可靠。却不知道史料若不可靠，所作的历史便无信史的价值。孟子说："尽信书则不如无书。"何况我们生在今日，去古已远，岂可一味迷信古书，甘心受古代作伪之人的欺骗？哲学史最重学说的真相，先后的次序和沿革的线索。若把那些不可靠的材料信为真书，必致（一）失了各家学说的真相；（二）乱了学说先后的次序；（三）乱了学派相承的系统。我且举《管子》一部书为例。《管子》这书，定非管仲所作，乃是后人把战国末年一些法家的议论和一些儒家的议论（如《内业篇》，如《弟子职篇》），和一些道家的议论（如《白心》、《心术》等篇），还有许多夹七夹八的话，并作一书；又伪造了一些桓公与管仲问答诸篇，又杂凑了一些记管仲功业的几篇；遂附会为管仲所作。今定此书为假造的，证据甚多，单举三条：

（一）《小称篇》记管仲将死之言，又记桓公之死。管仲死于西历前六四三年。《小称篇》又称毛嫱、西施。西施当吴亡时还在。吴亡在西历前四七二年，管仲已死百七十年了。此外如《形势解》说"五伯"，《七臣七主》说"吴王好剑，楚王好细腰"，皆可见此书为后人伪作。

（二）《立政篇》说："寝兵之说胜，则险阻不守；兼爱之说胜，则士卒不战。"《立政九败解》说"兼爱"道："视天下之民如其民，视人国如吾国。如是则无并兼攘夺之心。"这明指墨子的学说，远在管仲以后了（《法法篇》亦有求废兵之语）。

（三）《左传》记子产铸刑书（西历前536），叔向极力反对。过了二十几年，晋国也作刑鼎、铸刑书，孔子也极不赞成（西历前513）。这都在管仲死后一百多年。若管仲生时已有了那样完备的法治学说，何以百余年后，贤如叔向、孔子，竟无一毫法治观念？（或言孔子论晋铸刑鼎一段，不很可靠。但叔向"谏子产书"，决不是后人能假造的。）何以子产答叔向书，也只能说"吾以救世而已"？为什么不能利用百余年前已发挥尽致的法治学说？这可见《管子》书中的法治学说，乃是战国末年的出产物，决不是管仲时代所能突然发生的。全书的文法笔势也都不是老子、孔子以前能产生的。即以论法治诸篇看来，如《法法篇》两次说"《春秋》之记，臣有弑其君，子有弑其父者矣"。可见是后人伪作的了。

《管子》一书既不是真书，若用作管仲时代的哲学史料，便生出上文所说的三弊：（一）管仲本无这些学说，今说他有，便是张冠李戴，便是无中生有。（二）老子之前，忽然有《心术》、《白心》诸篇那样详细的道家学说；孟子、荀子之前数百年，忽然有《内业》那样深密的儒家心理学；法家之前数百年，忽然有《法法》、《明法》、《禁藏》诸篇那样发达的法治主义。若果然如此，哲学史便无学说先后演进的次序，竟变成了灵异记、神秘记了！（三）管仲生当老子、孔子之前一百多年，已有那样规模广大的哲学。这与老子以后一步一步、循序渐进的思想发达史，完全不合。故认《管子》为真书，便把诸子学直接间接的渊源系统一齐推翻。

以上用《管子》作例，表示史料的不可不审定。读古书的人，须知古书有种种作伪的理由。第一，有一种人实有一种主张，却恐怕自己的人微言轻，不见信用，故往往借用古人的名字。《庄子》所说的"重言"，即是这一种借重古人的主张。康有为称这一种为"托古改制"，极有道理。古人言必称尧舜，只因为尧舜年代久远,可以由我们任意把我们理想中的制度一概推到尧舜的时代。即如《黄帝内经》假托黄帝,《周髀算经》假托周公,都是这个道理。韩非说得好:

> 孔子、墨子俱道尧舜,而取舍不同,皆自谓真尧舜。尧舜不复生,将谁使定儒墨之诚乎?(《显学篇》)

正为古人死无对证,故人多可随意托古改制。这是作伪书的第一类。第二,有一种人为了钱财,有意伪作古书。试看汉代求遗书的令和诸王贵族求遗书的竞争心,便知作假书在当时定可发财。这一类造假书的,与造假古董的同一样心理。他们为的是钱,故东拉西扯,篇幅越多,越可多卖钱。故《管子》、《晏子春秋》诸书,篇幅都极长。有时得了真本古书,因为篇幅太短,不能多得钱,故又东拉西扯,增加许多卷数。如《庄子》、《韩非子》都属于此类。但他们的买主,大半是一些假充内行的收藏家,没有真正的赏鉴本领。故这一类的假书,于书中年代事实,往往不曾考校正确。因此庄子可以见鲁哀公,管子可以说西施。这是第二类的伪书。大概这两类之中,第一类"托古改制"的书,往往有第一流的思想家在内。第二类"托古发财"的书,全是下流人才,思想既不高尚,心思又不精密,故最容易露出马脚来。如《周礼》一书,是一种托古改制的国家组织法。我们虽可断定他不是"周公致太平"之书,却不容易定他是什么时代的人假造的。至于《管子》一类的书,说了作者死后的许多史事,便容易断定了。

  审定史料之法 审定史料乃是史学家第一步根本功夫。西洋近百年来史学大进步,大半都由于审定史料的方法更严密了。凡审定史料的真伪,须要有证据,方能使人心服。这种证据,大概可分五种（此专指哲学史料）：

（一）史事。书中的史事，是否与作书的人的年代相符。如不相符，即可证那一书或那一篇是假的。如庄子见鲁哀公，便太前了；如管仲说西施，便太后了。这都是作伪之证。

（二）文字。一时代有一时代的文字，不致乱用。作伪书的人，多不懂这个道理，故往往露出作伪的形迹来。如《关尹子》中所用字："术咒"、"诵咒"、"役神"、"豆中摄鬼、杯中钓鱼、画门可开、土鬼可语"、"婴儿蕊女、金楼绛宫、青蛟白虎、宝鼎红炉"，是道士的话。"石火"、"想"、"识"、"五识并驰"、"尚自不见我，将何为我所"，是佛家的话。这都是作伪之证。

（三）文体。不但文字可作证，文体也可作证。如《管子》那种长篇大论的文体，决不是孔子前一百多年所能作的。后人尽管仿古，古人决不仿今。如《关尹子》中"譬犀望月，月影入角，特因识生，始有月形，而彼真月，初不在角"；又譬如"水中之影，有去有来，所谓水者，实无去来"：这决不是佛经输入以前的文体。不但一个时代有一个时代的文体，一个人也有一个人的文体。如《庄子》中《说剑》、《让王》、《渔父》、《盗跖》等篇，决不是庄周的文体。《韩非子》中《主道》、《扬搉》（今作扬权）等篇和《五蠹》、《显学》等篇，明是两个人的文体。

（四）思想。凡能著书立说成一家言的人，他的思想学说，总有一个系统可寻，决不致有大相矛盾冲突之处。故看一部书里的学说是否能连络贯串，也可帮助证明那书是否真的。最浅近的例，如《韩非子》的第一篇，劝秦王攻韩，第二篇，劝秦王存韩。这是绝对不相容的。司马光不仔细考察，便骂韩非请人灭他自己的祖国，死有余辜，岂不是冤煞韩非了！大凡思想进化有一定的次序，一个时代有一个时代的问题，即有那个时代的思想。如《墨子》里《经·上下》、《经说·上下》、《大取》、《小取》等篇，所讨论的问题，乃是墨翟死后百余年才发生的，决非墨翟时代所能提出。因此，可知这六篇书决不是墨子自己做的。不但如此，大凡一种重要的新学说发生以后，决不会完全没有影响。若管仲时代已有《管子》书中的法治学说，决不会二三百年中没有法治观念的影响。又如，《关尹子》说，"即吾心中，可作万物"；又说，"风雨雷电，皆缘气而生。而气缘心生，犹如内想大火，久之觉热；内想大水，久之觉寒"。这是极端的万物唯心论。若老子、关尹子时代已有这种唯心论，决无毫不发生影响之理。周秦诸子竟无人受这种学说的影响，可见《关尹子》完全是佛学输入以后的书，决不是周秦的书。这都是用思想来考证古书的方法。

（五）旁证。以上所说四种证据，史事、文字、文体、思想，皆可叫做内证。因这四种都是从本书里寻出来的。还有一些证据，是从别书里寻出的，故名为旁证。旁证的重要，有时竟与内证等。如西洋哲学史家，考定柏拉图（Plato）的著作，凡是他的弟子亚里士多德（Aristotle）书中所曾称引的书，都定为真是柏拉图的书。又如，清代惠栋、阎若璩诸人考证梅氏《古文尚书》之伪，所用方法，几乎全是旁证（看阎若璩《古文尚书疏证》及惠栋《古文尚书考》）。又如，《荀子·正论篇》引宋子曰："明见侮之不辱，使人不斗。"又曰："人之情欲寡（欲是动词），而皆以己之情为欲多，是过也。"《尹文子》说："见侮不辱，见推不矜，禁暴息兵，救世之斗。"《庄子·天下篇》合论宋钘、尹文的学说道："见侮不辱，救民之斗；禁攻寝兵，救世之战。"又说："以禁攻寝兵为外，以情欲寡小为内。"又孟子记宋钘听见秦楚交战，便要去劝他们息兵。以上四条，互相印证，即互为旁证，证明宋钘、尹文实有这种学说。

以上说审定史料方法的大概。今人谈古代哲学，不但根据

《管子》、《列子》、《鹖子》、《晏子春秋》、《鹖冠子》等书,认为史料,甚至于高谈"邃古哲学"、"唐虞哲学",全不问用何史料。最可怪的是竟有人引《列子·天瑞篇》"有太易,有太初,有太始"一段,及《淮南子》"有始者,有未始有有始者"一段,用作"邃古哲学"的材料,说这都是"古说而诸子述之。吾国哲学思想初萌之时,大抵其说即如此!"(谢无量《中国哲学史》第一编第一章,6页)这种办法,似乎不合作史的方法。韩非说得好:

> 无参验而必之者,愚也。弗能必而据之者,诬也。故明据先王必定尧舜者,非愚即诬也。(《显学篇》)

参验即是我所说的证据。以现在中国考古学的程度看来,我们对于东周以前的中国古史,只可存一个怀疑的态度。至于"邃古"的哲学,更难凭信了。唐、虞、夏、商的事实,今所根据,止有一部《尚书》。但《尚书》是否可作史料,正难决定。梅赜伪古文,固不用说。即二十八篇之"真古文",依我看来,也没有信史的价值。如《皋陶谟》的"凤皇来仪","百兽率舞",如《金縢》的"天大雷电以风,禾尽偃,大木斯拔。……王出郊,天乃雨,反风。禾则尽起。二公命邦人,凡大木所偃,尽起而筑之,岁则大孰"。这岂可用作史料?我以为《尚书》或是儒家造出的"托古改制"的书,或是古代歌功颂德的官书。无论如何,没有史料的价值。古代的书,只有一部《诗经》可算是中国最古的史料。《诗经·小雅》说:"十月之交,朔日辛卯,日有食之。"

后来的历学家,如梁虞𠠎,隋张胄元,唐傅仁均、僧一行,元郭守敬,都推定此次日食在周幽王六年,十月,辛卯朔,日入食限。清朝阎若璩、阮元推算此日食,也在幽王六年。近来西洋学者,也说《诗经》所记月日(西历纪元前 776 年 8 月 29 日),中国北部可见日蚀。这不是偶然相合的事,乃是科学上的铁证。《诗经》有此一种铁证,便使《诗经》中所说的国政、民情、风俗、思想,一一都有史料的价值了。至于《易经》更不能用作上古哲学史料。《易经》除去《十翼》,止剩得六十四个卦,六十四条卦辞,三百八十四条爻辞,乃是一部卜筮之书,全无哲学史料可说。故我以为我们现在作哲学史,只可从老子、孔子说起。用《诗经》作当日时势的参考资料。其余一切"无征则不信"的材料,一概缺疑。这个办法,虽比不上别的史家的淹博,或可免"非愚即诬"的讥评了。

整理史料之法　哲学史料既经审定,还须整理。无论古今哲学史料,都有须整理之处。但古代哲学书籍,更不能不加整理的工夫。今说整理史料的方法,约有三端:

(一)校勘。古书经了多少次传写,遭了多少兵火虫鱼之劫,往往有脱误、损坏种种缺点。校勘之学,便是补救这些缺点的方法。这种学问,从古以来,多有人研究,但总不如清朝王念孙、王引之、卢文弨、孙星衍、顾广圻、俞樾、孙诒让诸人的完密谨严,合科学的方法。孙诒让论诸家校书的方法道:

> 综论厥善,大抵以旧刊精校为据依,而究其微旨,通其大例,精研博考,不参成见。其谀正文字讹舛,或求之于本书,或旁证之他籍,及援引之类书,而以声类通转为之锾键。(《札迻·序》)

大抵校书有三种根据:一是旧刊精校的古本。例如,《荀子·解蔽篇》:"不以己所臧害所将受。"宋钱佃本,元刻本,明世德堂本,皆作"所已臧",可据以改正。二是他书或类书所援引。例如,《荀子·天论篇》"脩道而不贰"。王念孙校曰:"脩当为循。贰当为贷。字之误也。贷与忒同。……《群书治要》作循道而不忒。"三是本书通用的义例。例如,《墨子·小取篇》:"辟也者,举也物而以明之也。"毕沅删第二"也"字,便无意思。王念孙说:"也与他同。举他物以明此物,谓之譬。……《墨子》书通以也为他。说见《备城门篇》。"这是以本书的通例作根据。又如《小取篇》说:"此与彼同类,世有彼而不自非也。墨者有此而非之,无故也焉。"王引之曰:"无故也焉,当作无也故焉。也故即他故。下文云,此与彼同类,世有彼而不自非也。墨者有此而罪非之,无也故焉。文正与此同。"这是先用本篇构造相同的文句,来证"故也"当作"世故";又用全书以也为他的通例,来证"也故"即"他故"。

(二)训诂。古书年代久远,书中的字义,古今不同。宋儒解书,往往妄用己意,故常失古义。清代的训诂学,所以超过前代,正因为戴震以下的汉学家,注释古书,都有法度,都用客观的佐证,不用主观的猜测。三百年来,周、秦、两汉的古书所以可读,不单靠校勘的精细,还靠训诂的谨严。今述训诂学的大要,约有三端:(1)根据古义或用古代的字典(如《尔雅》、《说文》、《广雅》之类),或用古代笺注(如《诗》的毛、郑,如《淮南子》的许、高)作根据,或用古书中相同的字句作印证。今引王念孙《读书杂志·余篇上》一条为例:

《老子》五十三章:"行于大道,唯施是畏。"王弼曰:"唯施为之是畏也。"河上公注略同。念孙按二家以"施为"释施字,非也。施读为迆。迆,邪也。言行于大道之中,唯惧其入于邪道也。……《说文》:"迆,邪行也。"引《禹贡》:"东迆北会于汇。"《孟子·离娄篇》:"施从良人之所之。"赵注:"施者,邪施而行。"丁公著音迤。《淮南·齐俗篇》:"去非者,非批邪施也。"高注曰:"施,微曲也。"《要略篇》:"接径直施。"高注曰:"施,邪也。"是施与迤通。《史记·贾生传》:"庚子日施兮。"《汉书》施作斜。斜亦邪也。《韩子·解老篇》释此章之义曰:"所谓大道也者,端道也。所谓貌施也者,邪道也。"此尤其明证矣。

这一则中引古字典一条,古书类似之例五条,古注四条。这都是根据古义的注书法。(2)根据文字假借、声类通转的道理。古字通用,全由声音。但古今声韵有异,若不懂音韵变迁的道理,便不能领会古字的意义。自顾炎武、江永、钱大昕、孔广森诸人以来,音韵学大兴。应用于训诂学,收效更大。今举二例。《易·系辞传》:"旁行而不流。"又《乾·文言》:"旁通情也。"旧注多解旁为边旁。王引之说:"旁之言溥也,遍也。《说文》:'旁,溥也。'旁、溥、遍一声之转。《周官》男巫曰:'旁招以茅',谓遍招于四方也。《月令》曰:'命有司大难、旁磔',亦谓遍磔于四方也。……《楚语》曰:武丁使以梦象'旁求四方之贤',谓遍求四方之贤也。"又《书·尧典》:"汤汤洪水方割";《微子》:"小民方兴,相为敌仇";《立政》:"方行天下,至于海表";《吕刑》:"方告无辜于上。"旧说方字都作四方解。王念孙说:"方皆读为旁。旁之言溥也,遍也。《说文》曰:'旁,溥也。'旁与方古字通。(《尧典》:"共工方鸠僝功",《史记》引作旁,《皋陶谟》"方施象刑惟明",新序引作旁。)《商颂》:'方命厥后',郑笺曰:'谓遍告诸侯'。是方为遍也。……'方告无辜于上',《论衡·变动篇》引此,方作旁,旁亦遍也。"以上两例,说"方旁"两字皆作溥、遍解。今音读方为轻唇音,旁为重唇音。不知古无轻唇音,故两字同音,相通。与溥字遍字,皆为同纽之字。这是音韵学帮助训诂学的例。(3)根据文法的研究。古人讲书最不讲究文法上的构造,往往把助字、介字、连字、状字等,都解作名字、代字等等的实字。清朝训诂学家最讲究文法的,是王念孙、王引之父子两人。他们的《经传释词》用归纳的方法,比较同类的例句,寻出各字的文法上的作用,可算得《马氏文通》之前的一部文法学要书。这种研究法,在训诂学上,另开一新天地。今举一条例如下:

> 《老子》三十一章:"夫佳兵者不祥之器。"《释文》:"佳,善也。"河上云:"饰也"。念孙案,善饰二训,皆于义未安。……今案佳字当作隹,字之误也。隹,古唯字也。唯兵为不祥之器,故有道者不处。上言"夫唯",下言"故",文义正相承也。八章云:"夫唯不争,故无尤。"十五章云:"夫唯不可识,故强为之容。"又云:"夫唯不盈,故能蔽不新成。"二十二章云:"夫唯不争,故天下莫能与之争。"皆其证也。古钟鼎文,唯字作隹。石鼓文亦然。又夏竦《古文四声韵》载《道德经》唯字作雐。据此则今本作唯者,皆后人所改。此隹字若不误为佳,则后人亦必改为唯矣。(王念孙《读书杂志·余篇上》)

以上所述三种根据,乃是训诂学的根本方法。

(三)贯通。上文说整理哲学史料之法,已说两种。校勘是书的本子上的整理,训诂是书的字义上的整理。没有校勘,我们定读误书;没有训诂,我们便不能懂得书的真意义。这两层虽极重要,但是作哲学史还须有第三层整理的方法。这第三层,可叫做"贯通"。贯通便是把每一部书的内容要旨融会贯串,寻出一个脉络条理,演成一家有头绪有条理的学说。宋儒注重贯通,汉学家注重校勘训诂。但是宋儒不明校勘训诂之学(朱子稍知之而不甚精），故流于空疏，流于臆说。清代的汉学家，最精校勘训诂，但多不肯做贯通的功夫，故流于支离碎琐。校勘训诂的功夫，到了孙诒让的《墨子间诂》，可谓最完备了（此书尚多缺点，此所云最完备，乃比较之辞耳）。但终不能贯通全书，述墨学的大旨。到章太炎方才于校勘训诂的诸子学之外，别出一种有条理系统的诸子学。太炎的《原道》、《原名》、《明见》、《原墨》、《订孔》、《原法》、《齐物论释》，都属于贯通的一类。《原名》、《明见》、《齐物论释》三篇，更为空前的著作。今细看这三篇，所以能如此精到，正因太炎精于佛学，先有佛家的因明学、心理学、纯粹哲学，作为比较印证的材料，故能融会贯通，于墨翟、庄周、惠施、荀卿的学说里面，寻出一个条理系统。于此可见整理哲学史料的第三步，必须于校勘训诂之外，还要有比较参考的哲学资料。为什么呢？因为古代哲学去今太远，久成了绝学。当时发生那些学说的特别时势，特别原因，现在都没有了。当时讨论最激烈的问题，现在都不成问题了。当时通行的学术名词，现在也都失了原意了。但是别国的哲学史上，有时也曾发生那些问题，也曾用过那些名词，也曾产出大同小异或小同大异的学说。我们有了这种比较参考的材料，往往能互相印证，互相发明。今举一个极显明的例。《墨子》的《经》上下、《经说》上下、《大取》、《小取》六篇，从鲁胜以后，几乎无人研究。到了近几十年之中，有些人懂得几何算学了，方才知道那几篇里有几何算学的道理。后来有些人懂得光学力学了，方才知道那几篇里又有光学力学的道理。后来有些人懂得印度的名学心理学了，方才知道这几篇里又有名学知识论的道理。到了今日，这几篇二千年没有过问的书，竟成中国古代的第一部奇书了！我做这部哲学史的最大奢望，在于把各家的哲学融会贯通，要使他们各成有头绪条理的学说，我所用的比较参证的材料，便是西洋的哲学。但是我虽用西洋哲学作参考资料,并不以为中国古代也有某种学说,便可以自夸自喜。做历史的人,千万不可存一毫主观的成见。须知东西的学术思想的互相印证,互相发明,至多不过可以见得人类的官能心理大概相同,故遇着大同小异的境地时势,便会产出大同小异的思想学派。东家所有,西家所无,只因为时势境地不同,西家未必不如东家,东家也不配夸炫于西家。何况东西所同有,谁也不配夸张自豪。故本书的主张,但以为我们若想贯通整理中国哲学史的史料,不可不借用别系的哲学,作一种解释演述的工具。此外,别无他种穿凿附会、发扬国光、自己夸耀的心。

史料结论 以上论哲学史料:先论史料为何,次论史料所以必须审定,次论审定的方法,次论整理史料的方法。前后差不多说了一万字。我的理想中,以为要做一部可靠的中国哲学史,必须要用这几条方法。第一步须搜集史料。第二步须审定史料的真假。第三步须把一切不可信的史料全行除去不用。第四步须把可靠的史料仔细整理一番:先把本子校勘完好,次把字句解释明白,最后又把各家的书贯串领会,使一家一家的学说,都成有条理有统系的哲学。做到这个地位,方才做到"述学"两个字。然后还须把各家的学说,笼统研究一番,依时代的先后,看他们传授的渊源,交互的影响,变迁的次序:这便叫做"明变"。然后研究各家学派兴废沿革变迁的原故:这便叫做"求因"。然后用完全中立的眼光,历史的观念,一一寻求各家学说的效果影响,再用这种种影响效果来批评各家学说的价值:这便叫做"评判"。

这是我理想中的《中国哲学史》,我自己深知道当此初次尝试的时代,我这部书定有许多未能做到这个目的,和未能谨守这些方法之处。所以,我特地把这些做哲学史的方法详细写出。一来呢,我希望国中学者用这些方法来评判我的书;二来呢,我更希望将来的学者用这些方法来做一部更完备更精确的《中国哲学史》。

〔参考书举要〕

① 《论哲学史》,看 Windelband's A History of Philosopht (页 8 至 18)。
② 《论哲学史料》,参看同书(页 10 五至 17 注语)。
③ 《论史料审定及整理之法》,看 C. V. Langlois and Seignobos's Introduction to the Study of History.
④ 《论校勘学》,看王念孙《读淮南子杂志叙》(《读书杂志》9 之 22)及俞樾《古书疑义举例》。
⑤ 《论西洋校勘学》,看 Encyclopaedia Britannica 中论 Textual Criticism 一篇。
⑥ 《论训诂学》,看王引之《经义述闻》卷三十一及三十二。

新思潮的意义[*]
——研究问题 输入学理
整理国故 再造文明

一

近来报纸上发表过几篇解释"新思潮"的文章。我读了这几篇文章,觉得他们所举出的新思潮的性质,或太琐碎,或太笼统,不能算作新思潮运动的真确解释,也不能指出新思潮的将来趋势。即如包士杰先生的《新思潮是什么》一篇长文,列举新思潮的内容,何尝不详细?但是他究竟不曾使我们明白那种种新思潮的共同意义是什么。比较最简单的解释要算我的朋友陈独秀先生所举出的新青年两大罪案,——其实就是新思潮的两大罪案,——一是拥护德莫克拉西先生(民治主义),一是拥护赛因斯先生(科学)。陈先生说:

> 要拥护那德先生,便不得不反对孔教,礼法,贞节,旧伦理,旧政治。要拥护那赛先生,便不得不反对旧艺术,旧宗教。要拥护德先生,又要拥护赛先生,便不得不反对国粹和

---

[*] 原载1919年12月1日《新青年》第7卷第1号。

旧文学。(《新青年》6卷1号页10)

这话虽然很简明,但是还嫌太笼统了一点。假使有人问:"何以要拥护德先生和赛先生便不能不反对国粹和旧文学呢?"答案自然是:"因为国粹和旧文学是同德、赛两位先生反对的。"又问:"何以凡同德、赛两位先生反对的东西都该反对呢?"这个问题可就不是几句笼统简单的话所能回答的了。

据我个人的观察,新思潮的根本意义只是一种新态度。这种新态度可叫做"评判的态度"。

评判的态度,简单说来,只是凡事要重新分别一个好与不好。仔细说来,评判的态度含有几种特别的要求:

(1)对于习俗相传下来的制度风俗,要问:"这种制度现在还有存在的价值吗?"

(2)对于古代遗传下来的圣贤教训,要问:"这句话在今日还是不错吗?"

(3)对于社会上糊涂公认的行为与信仰,都要问:"大家公认的,就不会错了吗?人家这样做,我也该这样做吗?难道没有别样做法比这个更好,更有理,更有益的吗?"

尼采说现今时代是一个"重新估定一切价值"(Transvaluation of all values)的时代。"重新估定一切价值"八个字便是评判的态度的最好解释。从前的人说妇女的脚越小越美。现在我们不但不认小脚为"美",简直说这是"惨无人道"了。十年前,人家和店家都用鸦片烟敬客。现在鸦片烟变成犯禁品了。二十年前,康有为是洪水猛兽一般的维新党。现在康有为变成老古董了。康有为并不曾变换,估价的人变了,故他的价值也跟着变了。这叫做"重新估定一切价值"。

我以为现在所谓"新思潮",无论怎样不一致,根本上同有这公共的一点:评判的态度。孔教的讨论只是要重新估定孔教的价值。文学的评论只是要重新估定旧文学的价值。贞操的讨论只是要重新估定贞操的道德在现代社会的价值。旧戏的评论只是要重新估定旧戏在今日文学上的价值。礼教的讨论只是要重新估定古代的纲常礼教在今日还有什么价值。女子的问题只是要重新估定女子在社会上的价值。政府与无政府的讨论,财产私有与公有的讨论,也只是要重新估定政府与财产等等制度在今日社会的价值。……我也不必往下数了,这些例很够证明这种评判的态度是新思潮运动的共同精神。

二

这种评判的态度,在实际上表现时,有两种趋势。一方面是讨论社会上,政治上,宗教上,文学上种种问题。一方面是介绍西洋的新思想,新学术,新文学,新信仰。前者是"研究问题",后者是"输入学理"。这两项是新思潮的手段。

我们随便翻开这两三年以来的新杂志与报纸,便可以看出这两种的趋势。在研究问题一方面,我们可以指出:(1)孔教问题,(2)文学改革问题,(3)国语统一问题,(4)女子解放问题,(5)贞操问题,(6)礼教问题,(7)教育改良问题,(8)婚姻问题,(9)父子问题,(10)戏剧改良问题……等等。在输入学理一方面,我们可以指出《新青年》的"易卜生号"、"马克思号",《民铎》的"现代思潮号",《新教育》的"杜威号",《建设》的"全民政治"的学理,和北京《晨报》、《国民公报》、《每周评论》,上海《星期评论》、《时事新报》、《解放与改造》,广州《民风周刊》……等等杂志报纸所介绍的种种西洋新学说。

为什么要研究问题呢？因为我们的社会现在正当根本动摇的时候，有许多风俗制度，向来不发生问题的，现在因为不能适应时势的需要，不能使人满意，都渐渐的变成困难的问题，不能不彻底研究，不能不考问旧日的解决法是否错误；如果错了，错在什么地方；错误寻出了，可有什么更好的解决方法；有什么方法可以适应现时的要求。例如孔教的问题，向来不成什么问题；后来东方文化与西方文化接近，孔教的势力渐渐衰微，于是有一班信仰孔教的人妄想要用政府法令的势力来恢复孔教的尊严；却不知道这种高压的手段恰好挑起一种怀疑的反动。因此，民国四五年的时候，孔教会的活动最大，反对孔教的人也最多。孔教成为问题就在这个时候。现在大多数明白事理的人，已打破了孔教的迷梦，这个问题又渐渐的不成问题了，故安福部的议员通过孔教为修身大本的议案时，国内竟没有人睬他们了！

又如文学革命的问题。向来教育是少数"读书人"的特别权利，于大多数人是无关系的，故文字的艰深不成问题。近来教育成为全国人的公共权利，人人知道普及教育是不可少的，故渐渐的有人知道文言在教育上实在不适用，于是文言白话就成为问题了。后来有人觉得单用白话做教科书是不中用的，因为世间决没有人情愿学一种除了教科书以外便没有用处的文字。这些人主张：古文不但不配做教育的工具，并且不配做文学的利器；若要提倡国语的教育，先须提倡国语的文学。文学革命的问题就是这样发生的。现在全国教育联合会已全体一致通过小学教科书改用国语的议案，况且用国语做文章的人也渐渐的多了，这个问题又渐渐的不成问题了。

为什么要输入学理呢？这个大概有几层解释。一来呢，有些人深信中国不但缺乏炮弹,兵船,电报,铁路,还缺乏新思想与新学术,故他们尽量的输入西洋近世的学说。二来呢,有些人自己深信某种学说,要想他传播发展,故尽力提倡。三来呢,有些人自己不能做具体的研究工夫,觉得翻译现成的学说比较容易些,故乐得做这种稗贩事业。四来呢,研究具体的社会问题或政治问题,一方面做那破坏事业,一方面做对症下药的工夫,不但不容易,并且很遭犯忌讳,很容易惹祸,故不如做介绍学说的事业,借"学理研究"的美名,既可以避"过激派"的罪名,又还可以种下一点革命的种子。五来呢,研究问题的人,势不能专就问题本身讨论,不能不从那问题的意义上着想;但是问题引申到意义上去,便不能不靠许多学理做参考比较的材料,故学理的输入往往可以帮助问题的研究。

　　这五种动机虽然不同,但是多少总含有一种"评判的态度",总表示对于旧有学术思想的一种不满意,和对于西方的精神文明的一种新觉悟。

　　但是这两三年新思潮运动的历史应该给我们一种很有益的教训。什么教训呢?就是:这两三年来新思潮运动的最大成绩差不多全是研究问题的结果。新文学的运动便是一个最明白的例。这个道理很容易解释。凡社会上成为问题的问题,一定是与许多人有密切关系的。这许多人虽然不能提出什么新解决,但是他们平时对于这个问题自然不能不注意。若有人能把这个问题的各方面都细细分析出来,加上评判的研究,指出不满意的所在,提出新鲜的救济方法,自然容易引起许多人的注意。起初自然有许多人反对,但是反对便是注意的证据,便是兴趣的表示。试看近日报纸上登的马克思的《赢余价值论》,可有反对的吗?可有讨论的吗?没有人讨论,没有人反对,便是不能引起人注意的证据。研究问题的文章所以能发生效果,正为所研究的问题一定是社会人生最切要的问题,最能使人注意,也最能使人觉悟。悬空介绍一种专家学说,如《赢余价值论》之类,除了少数专门学者之外,决不会发生什么影响。但是我们可以在研究问题里面做点输入学理的事业,或用学理来解释问题的意义,或从学理上寻求解决问题的方法。用这种方法来输入学理,能使人于不知不觉之中感受学理的影响。不但如此,研究问题最能使读者渐渐的养成一种批评的态度,研究的兴趣,独立思想的习惯。十部《纯粹理性的评判》,不如一点评判的态度;十篇《赢余价值论》,不如一点研究的兴趣;十种"全民政治论",不如一点独立思想的习惯。

　　总起来说:研究问题所以能于短时期中发生很大的效力,正因为研究问题有这几种好处:(1)研究社会人生切要的问题最容易引起大家的注意;(2)因为问题关切人生,故最容易引起反对,但反对是该欢迎的,因为反对便是兴趣的表示,况且反对的讨论不但给我们许多不要钱的广告,还可使我们得讨论的益处,使真理格外分明;(3)因为问题是逼人的活问题,故容易使人觉悟,容易得人信从;(4)因为从研究问题里面输入的学理,最容易消除平常人对于学理的抗拒力,最容易使人于不知不觉之中受学理的影响;(5)因为研究问题可以不知不觉的养成一班研究的,评判的,独立思想的革新人才。

　　这是这几年新思潮运动的大教训!我希望新思潮的领袖人物以后能了解这个教训,能把全副精力贯注到研究问题上去;能把一切学理不看作天经地义,但看作研究问题的参考材料;能把一切学理应用到我们自己的种种切要问题上去;能在研究问题上面做输入学理的工夫;能用研究问题的工夫来提倡研究问题的态度,来养成研究问题的人才。

这是我对于新思潮运动的解释。这也是我对于新思潮将来的趋向的希望。

〔参看〕
(1)《多研究些问题,少谈些主义》
(2)《问题与主义》
(3)《再论问题与主义》
(4)《三论问题与主义》

三

以上说新思潮的"评判的精神"在实际上的两种表现。现在要问:"新思潮的运动对于中国旧有的学术思想,持什么态度呢?"

我的答案是:"也是评判的态度。"

分开来说,我们对于旧有的学术思想有三种态度。第一,反对盲从;第二,反对调和;第三,主张整理国故。

盲从是评判的反面,我们既主张"重新估定一切价值",自然要反对盲从。这是不消说的了。

为什么要反对调和呢?因为评判的态度只认得一个是与不是,一个好与不好,一个适与不适,——不认得什么古今中外的调和。调和是社会的一种天然趋势。人类社会有一种守旧的惰性,少数人只管趋向极端的革新,大多数人至多只能跟你走半程路。这就是调和。调和是人类懒病的天然趋势,用不着我们来提倡。我们走了一百里路,大多数人也许勉强走三四十里。我们若先讲调和,只走五十里,他们就一步都不走了。所以革新家的责任只是认定"是"的一个方向走去,不要回头讲调和。社会上自然有无数懒人懦夫出来调和。

我们对于旧有的学术思想，积极的只有一个主张，——就是"整理国故"。整理就是从乱七八糟里面寻出一个条理脉络来；从无头无脑里面寻出一个前因后果来；从胡说谬解里面寻出一个真意义来；从武断迷信里面寻出一个真价值来。为什么要整理呢？因为古代的学术思想向来没有条理，没有头绪，没有系统，故第一步是条理系统的整理。因为前人研究古书，很少有历史进化的眼光的，故从来不讲究一种学术的渊源，一种思想的前因后果，所以第二步是要寻出每种学术思想怎样发生，发生之后有什么影响效果。因为前人读古书，除极少数学者以外，大都是以讹传讹的谬说，——如太极图，爻辰，先天图，卦气……之类，——故第三步是要用科学的方法，作精确的考证，把古人的意义弄得明白清楚。因为前人对于古代的学术思想，有种种武断的成见，有种种可笑的迷信，——如骂杨朱、墨翟为禽兽，却尊孔丘为德配天地，道冠古今！——故第四步是综合前三步的研究，各家都还他一个本来真面目，各家都还他一个真价值。

这叫做"整理国故"。现在有许多人自己不懂得国粹是什么东西，却偏要高谈"保存国粹"。林琴南先生做文章论古文之不当废，他说，"吾知其理而不能言其所以然！"现在许多国粹党，有几个不是这样糊涂懵懂的？这种人如何配谈国粹？若要知道什么是国粹，什么是国渣，先须要用评判的态度，科学的精神，去做一番整理国故的工夫。

四

新思潮的精神是一种评判的态度。

新思潮的手段是研究问题与输入学理。

新思潮的将来趋势，依我个人的私见看来，应该是注重研究人生社会的切要问题，应该于研究问题之中做介绍学理的事业。

新思潮对于旧文化的态度，在消极一方面是反对盲从，是反对调和；在积极一方面，是用科学的方法来做整理的工夫。

新思潮的唯一目的是什么呢？是再造文明。

文明不是笼统造成的，是一点一滴的造成的。进化不是一晚上笼统进化的，是一点一滴的进化的。现今的人爱谈"解放与改造"，须知解放不是笼统解放，改造也不是笼统改造。解放是这个那个制度的解放，这种那种思想的解放，这个那个人的解放，是一点一滴的解放。改造是这个那个制度的改造，这种那种思想的改造，这个那个人的改造，是一点一滴的改造。

再造文明的下手工夫，是这个那个问题的研究。再造文明的进行，是这个那个问题的解决。

中华民国八年十一月一日晨三时

论 国 故 学*
—— 答毛子水

……
张君的大病是不解"国故学"的性质，如他说的：

> 使国人之治之者尚众，肯推已知而求未知，为之补苴罅漏，张皇幽眇，使之日新月异，以应时势之需，则国故亦方生未艾也。

"补苴罅漏，张皇幽眇"，还可说得过去。"使之……应时势之需，"便是大错，便是完全不懂"国故学"的性质。"国故学"的性质不外乎要懂得国故，这是人类求知的天性所要求的。若说是"应时势之需"，便是古人"通经而致治平"的梦想了。

你驳他论"声韵学"一段，很是。自顾亭林以来至于今日，声韵学的成绩只是一部不曾完全的《古音变迁史》。请问知道"古无轻唇音"一条通例，于"将来之声音究竟如何"一个大问题有何帮助？难道我们就可以推知现在所剩的重唇音将来都会变成轻唇音吗？

---

* 原载 1919 年 10 月 30 日《新潮》第 2 卷第 1 号。

但是你的主张,也有一点太偏了的地方。如说:

> 我们把国故整理起来,世界的学术界亦许得着一点益处,不过一定是没有多大的。……世界所有的学术,比国故更有用的有许多,比国故更要紧的亦有许多。

我以为我们做学问不当先存这个狭义的功利观念。做学问的人当看自己性之所近,拣选所要做的学问,拣定之后,当存一个"为真理而求真理"的态度。研究学术史的人更当用"为真理而求真理"的标准去批评各家的学术。学问是平等的。发明一个字的古义,与发现一颗恒星,都是一大功绩。

况且现在整理国故的必要,实在很多。我们应该尽力指导"国故家"用科学的研究法去做国故的研究,不当先存一个"有用无用"的成见,致生出许多无谓的意见。你以为何如?

还有一层意思,你不曾发挥得尽致。清朝的"汉学家"所以能有国故学的大发明者,正因为他们用的方法无形之中都暗合科学的方法。钱大昕的古音之研究,王引之的《经传释词》,俞樾的《古书疑义举例》都是科学方法的出产品。这还是"不自觉的"(Unconscious)科学方法,已能有这样的成绩了。我们若能用自觉的科学方法加上许多防弊的法子,用来研究国故,将来的成绩一定更大了。这种劝法,似乎更动听一点,你以为如何?

我前夜把《汉学家的科学方法》一文做完寄出。这文的本意,是要把"汉学家"所用的"不自觉的"的方法变为"自觉的"。方法"不自觉",最容易有弊。如科学方法最浅最要的一部分就是"求否定的例"(Negative instances or exceptions)。顾亭林讲易音,把《革》传"炳,蔚,君"三字轻轻放过不题,《未济》传"极,正"二字,亦然。这便不是好汉。钱大昕把这两个例外也寻出"韵"来,方才使顾氏的通例无有否定的例。若我们有自觉的方法,处处存心防弊,岂不更圆满吗?

八年八月十六日

《国学季刊》发刊宣言

近年来,古学的大师渐渐死完了,新起的学者还不曾有什么大成绩表现出来。在这个青黄不接的时期,只有三五个老辈在那里支撑门面。古学界表面上的寂寞,遂使许多人发生无限的悲观。所以有许多老辈遂说,"古学要沦亡了!""古书不久要无人能读了!"

在这个悲观呼声里,很自然的发出一种没气力的反动的运动来。有些人还以为西洋学术思想的输入是古学沦亡的原因;所以我们至今还在那里抗拒那他们自己也莫名其妙的西洋学术。有些人还以为孔教可以完全代表中国的古文化;所以他们至今还梦想孔教的复兴;甚至于有人竟想抄袭基督教的制度来光复孔教。有些人还以为古文古诗的保存就是古学的保存了;所以他们至今还想压语体文字的提倡与传播。至于那些静坐扶乩,逃向迷信里去自寻安慰的,更不用说了。

在我们看起来,这些反动都只是旧式学者破产的铁证;这些行为,不但不能挽救他们所忧虑的国学之沦亡,反可以增加国中少年人对于古学的藐视。如果这些举动可以代表国学,国学还是沦亡了更好!

我们平心静气的观察这三百年的古学发达史,再观察眼前国内和国外的学者研究中国学术的现状,我们不但不抱悲观,并且还抱无穷的乐观。我们深信,国学的将来,定能远胜国学的过去;过去的成绩虽然未可厚非,但将来的成绩一定还要更好无数倍。

自从明末到于今,这三百年,诚然可算是古学昌明时代。总括这三百年的成绩,可分这些方面:

(一)整理古书。在这方面,又可分三门。第一,本子的校勘;第二,文字的训诂;第三,真伪的考订。考订真伪一层,乾嘉的大师(除了极少数学者如崔述等之外)都不很注意;只有清初与晚清的学者还肯做这种研究,但方法还不很精密,考订的范围也不大。因此,这一方面的整理,成绩比较的就最少了。然而校勘与训诂两方面的成绩实在不少。戴震、段玉裁、王念孙、阮元、王引之们的治"经";钱大昕、赵翼、王鸣盛、洪亮吉们的治"史";王念孙、俞樾、孙诒让们的治"子";戴震、王念孙、段玉裁、邵晋涵、郝懿行、钱绎、王筠、朱骏声们的治古词典:都有相当的成绩。重要的古书,经过这许多大师的整理,比三百年前就容易看的多了。我们试拿明刻本的《墨子》来比孙诒让的《墨子闲诂》,或拿二徐的《说文》来比清儒的各种《说文》注,就可以量度这几百年整理古书的成绩了。

(二)发现古书。清朝一代所以能称为古学复兴时期,不单因为训诂校勘的发达,还因为古书发现和翻刻之多。清代中央政府,各省书局,都提倡刻书。私家刻的书更是重要:丛书与单行本,重刊本,精校本,摹刻本,近来的影印本。我们且举一个最微细的例。近三十年内发现与刻行的宋元词集,给文学史家添了多少材料?清初朱彝尊们固然见着不少的词集;但我们今日购买词集之便易,却是清初词人没有享过的福气了。翻刻古书孤本之外,还有辑佚书一项,如《古经解钩沉》《小学钩沉》《玉函山房辑佚书》,和《四库全书》里那几百种从《永乐大典》辑出的佚书,都是国学史上极重要的贡献。

（三）发现古物。清朝学者好古的风气不限于古书一项；风气所被,遂使古物的发现,记载,收藏,都成了时髦的嗜好。鼎彝,泉币,碑版,壁画,雕塑,古陶器之类：虽缺乏系统的整理,材料确是不少了。最近三十年来,甲骨文字的发现,竟使殷商一代的历史有了地底下的证据,并且给文字学添了无数的最古材料。最近辽阳、河南等处石器时代的文化的发现,也是一件极重要的事。

但这三百年的古学的研究,在今日估计起来,实在还有许多缺点。三百年的第一流学者的心思精力都用在这一方面,而究竟还只有这一点点结果,也正是因为有这些缺点的缘故。那些缺点,分开来说,也有三层：

（一）研究的范围太狭窄了。这三百年的古学,虽然也有整治史书的,虽然也有研究子书的,但大家的眼光与心力注射的焦点,究竟只在儒家的几部经书。古韵的研究,古词典的研究,古书旧注的研究,子书的研究,都不是为这些材料的本身价值而研究的。一切古学都只是经学的丫头！内中固然也有婢作夫人的；如古韵学之自成一种专门学问,如子书的研究之渐渐脱离经学的羁绊而独立。但学者的聪明才力被几部经书笼罩了三百年,那是不可讳的事实。况且在这个狭小的范围里,还有许多更狭小的门户界限。有汉学和宋学的分家,有今文和古文的分家；甚至于治一部《诗经》还要舍弃东汉的郑笺而专取西汉的毛传。专攻本是学术进步的一个条件；但清儒狭小研究的范围,却不是没有成见的分工。他们脱不了"儒书一尊"的成见,故用全力治经学,而只用余力去治他书。他们又脱不了"汉儒去古未远"的成见,故迷信汉人,而排除晚代的学者。他们不知道材料固是越古越可信,而见解则后人往往胜过前人;所以他们力排郑樵、朱熹而迷信毛公、郑玄。今文家稍稍能有独立的见解了;但他们打倒了东汉,只落得回到西汉的圈子里去。研究的范围的狭小是清代学术所以不能大发展的一个绝大原因。三五部古书,无论怎样绞来挤去,只有那点精华和糟粕。打倒宋朝的"道士易"固然是好事;但打倒了"道士易",跳过了魏晋人的"道家易",却回到两汉的"方士易",那就是很不幸的了。《易》的故事如此;《诗》《书》《春秋》《三礼》的故事也是如此。三百年的心思才力,始终不曾跳出这个狭小的圈子外去!

（二）太注重功力而忽略了理解。学问的进步有两个重要方面：一是材料的积聚与剖解；一是材料的组织与贯通。前者须靠精勤的功力,后者全靠综合的理解。清儒有鉴于宋明学者专靠理解的危险,所以努力做朴实的功力而力避主观的见解。这三百年之中几乎只有经师,而无思想家；只有校史者,而无史家；只有校注,而无著作。这三句话虽然很重,但我们试除去戴震、章学诚、崔述几个人,就不能不承认这三句话的真实了。章学诚生当乾隆盛时(乾隆,一七三六——一七九五年;章学诚,一七三八——一八〇〇年),大声疾呼的警告当日的学术界道：

> 今之博雅君子,疲精劳神于经传子史,而终身无得于学者,正坐……误执求知之功力,以为学即在是尔。学与功力实相似而不同。学不可以骤几,人当致攻乎功力,则可耳。指功力以为学,是犹指秫黍以为酒也。(《文史通义·博约篇》)

他又说:

> 近日学者风气,征实太多,发挥太少,有如蚕食叶而不能抽丝。(《章氏遗书·与汪辉祖书》)

古人说:"鸳鸯绣取从君看,不把金针度与人。"单把绣成的鸳鸯给人看,而不肯把金针教人,那是不大度的行为。然而天下的人不是人人都能学绣鸳鸯的;多数人只爱看鸳鸯,而不想自己动手去学绣。清朝的学者只是天天一针一针的学绣,始终不肯绣鸳鸯。所以他们尽管辛苦殷勤的做去,而在社会的生活思想上几乎全不发生影响。他们自以为打倒了宋学,然而全国的学校里读的书仍旧是朱熹的《四书集注》《诗集传》《易本义》等书。他们自以为打倒了伪《古文尚书》,然而全国村学堂里的学究仍旧继续用蔡沈的《书集传》。三百年第一流的精力,二千四百三十卷的《经解》,仍旧不能替换朱熹一个人的几部启蒙的小书,这也可见单靠功力而不重理解的失败了。

(三)缺乏参考比较的材料。我们试问,这三百年的学者何以这样缺乏理解呢?我们推求这种现象的原因,不能不回到第一层缺点——研究的范围的过于狭小。宋明的理学家所以富于理解,全因为六朝唐以后佛家与道士的学说弥漫空气中,宋明的理学家全都受了他们的影响,用他们的学说作一种参考比较的资料。宋明的理学家,有了这种比较研究的材料,就像一个近视眼的人戴了近视眼镜一样:从前看不见的,现在都看见了;从前不明白的,现在都明白了。同是一篇《大学》,汉魏的人不很注意它,宋明的人忽然十分尊崇它,把它从《礼记》里抬出来,尊为四书之一,推为"初学入德之门"。《中庸》也是如此的。宋、明的人戴了佛书的眼镜,望着《大学》《中庸》,便觉得"明明德""诚""正心诚意""率性之谓道"等等话头都有哲学的意义了。清朝的学者深知戴眼镜的流弊,决意不配眼镜;却不知道近视者不戴眼镜,同瞎子相差有限。说《诗》的回到《诗序》,说《易》的回到"方士《易》",说《春秋》的回到《公羊》,可谓"陋"之至了;然而我们试想这一班第一流才士,何以陋到这步田地,可不是因为他们没有高明的参考资料吗?他们排斥"异端";他们得着一部《一切经音义》,只认得他有保存古韵书古词典的用处;他们拿着一部子书,也只认得他有旁证经文古义的功用。他们只向那几部儒书里兜圈子;兜来兜去,始终脱不了一个"陋"字!打破这个"陋"字,没有别的法子,只有旁搜博采,多寻参考比较的材料。

以上指出的这三百年的古学研究的缺点,不过是随便挑出了几桩重要的。我们的意思并不要菲薄这三百年的成绩;我们只想指出他们的成绩所以不过如此的原因。前人上了当,后人应该学点乖。我们借鉴于前辈学者的成功与失败,然后可以决定我们现在和将来研究国学的方针。我们不研究古学则已;如要想提倡古学的研究,应该注意这几点:

(1)扩大研究的范围。

(2)注意系统的整理。

(3)博采参考比较的资料。

(一)怎样"扩大研究的范围"呢?"国学"在我们的心眼里,只是"国故学"的缩写。中国的一切过去的文化历史,都是我们的"国故";研究这一切过去的历史文化的学问,就是"国故学",省称为"国学"。"国故"这个名词,最为妥当;因为他是一个中立的名词,不含褒贬的意义。"国故"包含"国粹";但它又包含"国渣"。我们若不了解"国渣",如何懂得"国粹"?所以我们现在要扩充国学的领域,包括上下三四千年的过去文化,打破一切的门户成见:

拿历史的眼光来整统一切，认清了"国故学"的使命是整理中国一切文化历史，便可以把一切狭陋的门户之见都扫空了。例如治经，郑玄、王肃在历史上固然占一个位置，王弼、何晏也占一个位置，王安石、朱熹也占一个位置，戴震、惠栋也占一个位置，刘逢禄、康有为也占一个位置。段玉裁曾说：

> 校经之法，必以贾还贾，以孔还孔，以陆还陆，以杜还杜，以郑还郑，各得其底本，而后判其理义之是非。……不先正注、疏、释文之底本，则多诬古人。不断其立说之是非，则多误今人。……(《经韵楼集·与诸同志书论校书之难》)

我们可借他论校书的话来总论国学；我们也可以说：

> 整治国故，必须以汉还汉，以魏晋还魏晋，以唐还唐，以宋还宋，以明还明，以清还清；以古文还古文家，以今文还今文家；以程朱还程朱，以陆王还陆王……各还它一个本来面目，然后评判各代各家各人的义理的是非。不还它们的本来面目，则多诬古人。不评判它们的是非，则多误今人，但不先弄明白了它们的本来面目，我们决不配评判它们的是非。

这还是专为经学、哲学说法。在文学的方面，也有同样的需要。庙堂的文学固可以研究，但草野的文学也应该研究。在历史的眼光里，今日民间小儿女唱的歌谣，和《诗三百篇》有同等的位置；民间流传的小说，和高文典册有同等的位置，吴敬梓、曹霑和关汉卿、马东篱和杜甫、韩愈有同等的位置。故在文学方面：

也应该把《三百篇》还给西周、东周之间的无名诗人,把《古乐府》还给汉魏六朝的无名诗人,把唐诗还给唐,把词还给五代两宋,把小曲杂剧还给元朝,把明、清的小说还给明、清。每一个时代,还它那个时代的特长的文学,然后评判它们的文学的价值。不认明每一个时代的特殊文学,则多诬古人而多误今人。

近来颇有人注意戏曲和小说了;但他们的注意仍不能脱离古董家的习气。他们只看得起宋人的小说,而不知道在历史的眼光里,一本石印小字的《平妖传》和一部精刻的残本《五代史平话》有同样的价值,正如《道藏》里极荒谬的道教经典和《尚书》、《周易》有同等的研究价值。

总之,我们所谓"用历史的眼光来扩大国学研究的范围",只是要我们大家认清国学是国故学,而国故学包括一切过去的文化历史。历史是多方面的:单记朝代兴亡,固不是历史;单有一宗一派,也不成历史。过去种种,上自思想学术之大,下至一个字、一支山歌之细,都是历史,都属于国学研究的范围。

(二)怎样才是"注意系统的整理"呢?学问的进步不单靠积聚材料,还须有系统的整理。系统的整理可分三部说:

(甲)索引式的整理。不曾整理的材料,没有条理,不容易检寻,最能销磨学者有用的精神才力,最足阻碍学术的进步。若想学问进步增加速度,我们须想出法子来解放学者的精力,使他们的精力用在最经济的方面。例如一部《说文解字》,是最没有条理系统的;向来的学者差不多全靠记忆的苦工夫,方才能用这部书。但这种苦工夫是最不经济的;如果有人能把《说文》重新编制一番(部首依笔画,每部的字也依笔画),再加上一个检字的索引(略如

《说文通检》或《说文易检》),那就可省许多无谓的时间与记忆力了。又如一部《二十四史》,有了一部《史姓韵编》,可以省多少精力与时间?清代的学者也有见到这一层的;如章学诚说:

> 窃以典籍浩繁,闻见有限;在博雅者且不能悉究无遗,况其下乎?校雠之先,宜尽取四库之藏,中外之籍,择其中之人名、地名、官阶、书目,凡一切有名可治、有数可稽者,略仿《佩文韵府》之例,悉编为韵;乃于本韵之下,注明原书出处及先后篇第,自一见再见,以至数千百,皆详注之;藏之馆中,以为群书之总类。至校书之时,遇有疑似之处,即名而求其编韵,因韵而检其本书,参互错综,即可得其至是。此则渊博之儒穷毕生年力而不可究殚者,今即中才校勘可坐收于几席之间,非校雠之良法欤?(《校雠通义》)

当日的学者如朱筠、戴震等,都有这个见解,但这件事不容易做到,直到阮元得势力的时候,方才集合许多学者,合力做成一部空前的《经籍纂诂》,"展一韵而众字毕备,检一字而诸训皆存,寻一训而原书可识"(王引之序);"即字而审其义,依韵而类其字,有本训,有转训,次叙布列,若网在纲"(钱大昕序)。这种书的功用,在于节省学者的功力,使学者不疲于功力之细碎,而省出精力来做更有用的事业。后来这一类的书被科场士子用作夹带的东西,用作抄窃的工具,所以有许多学者竟以用这种书为可耻的事。这是大错的。这一类"索引"式的整理,乃是系统的整理的最低而最不可少的一步;没有这一步的预备,国学止限于少数有天才而又有闲空工夫的少数人;并且这些少数人也要因功力的拖累而减少他们的成绩。偌大的事业,应该有许多人分担去做的,却落在少数人的肩膀上:这是国学所以不能发达的一个重要原因。所以我们主张,国学的系统的整理的第一步要提倡这种"索引"式的整理,把一切大部的书或不容易检查的书,一概编成索引,使人人能用古书。人人能用古书,是提倡国学的第一步。

(乙)结账式的整理。商人开店,到了年底,总要把这一年的账结算一次,要晓得前一年的盈亏和年底的存货,然后继续进行,做明年的生意。一种学术到了一个时期,也有总结账的必要。学术上结账的用处有两层:一是把这一种学术里已经不成问题的部分整理出来,交给社会;二是把那不能解决的部分特别提出来,引起学者的注意,使学者知道何处有隙可乘,有功可立,有困难可以征服。结账是(1)结束从前的成绩,(2)预备将来努力的新方向。前者是预备普及的,后者是预备继长增高的。古代结账的书,如李鼎祚的《周易集解》,如陆德明的《经典释文》,如唐、宋的《十三经注疏》,如朱熹的《四书》、《诗集传》、《易本义》等,所以都在后世发生很大的影响,全是这个道理。三百年来,学者都不肯轻易做这种结账的事业。二千四百多卷的《清经解》,除了极少数之外,都只是一堆"流水"烂账,没有条理,没有系统;人人从"粤若稽古""关关雎鸠"说起,人人做的都是杂记式的稿本!怪不得学者看了要"望洋兴叹"了;怪不得国学有沦亡之忧了。我们试看科举时代投机的书坊肯费整年工夫来编一部《皇清经解缩本编目》,便可以明白索引式的整理的需要;我们又看那时代的书坊肯费几年的工夫来编一部《皇清经解分经汇纂》,便又可以明白结账式的整理的需要了。现在学问的途径多了,学者的时间与精力更有经济的必要了。例如《诗经》,二千年研究的结果,究竟到了什么田地,很少人说得出的,只因为二千年的《诗经》烂账至今不曾有一次的总结算。宋人驳了汉人,清人推翻了宋人,自以为回到汉人;至今《诗经》的研究,音韵自音韵,训诂自训诂,异文自异文,序说自序说,各不相关连。少年的学者想要研究《诗经》的,伸头望一望,只看见一屋的烂账簿,吓得吐舌缩不进去,只好叹口气,"算了罢!"《诗经》在今日所以渐渐无人过问,是少年人的罪过呢?还是《诗经》的专家的罪过呢?我们以为,我们若想少年学者研究《诗经》,我们应该把《诗经》这笔烂账结算一遍,造成一笔总账。《诗经》的总账里应该包括这四大项:

(A)异文的校勘　总结王应麟以来,直到陈乔枞、李富孙等校勘异文的账。

(B)古韵的考究　总结吴棫、朱熹、陈第、顾炎武以来考证古音的账。

(C)训诂　总结毛公、郑玄以来直到胡承珙、马瑞辰、陈奂,二千多年训诂的账。

(D)见解(序说)　总结《诗序》、《诗辨妄》、《诗集传》、《伪诗传》、姚际恒、崔述、龚橙、方玉润……等二千年猜谜的账。

有了这一本总账,然后可以使大多数的学子容易踏进"《诗经》研究"之门:这是普及。入门之后,方才可以希望他们之中有些人出来继续研究那总账里未曾解决的悬账:这是提高。《诗经》如此,一切古书古学都是如此。我们试看前清用全力治经学,而经学的书不能流传于社会,倒是那几部用余力做的《墨子间诂》、《荀子集解》、《庄子集释》一类结账式的书流传最广。这不可以使我们觉悟结账式的整理的重要吗?

(丙)专史式的整理。索引式的整理是要使古书人人能用,结账式的整理是要使古书人人能读:这两项都只是提倡国学的设备。但我们在上文曾主张,国学的使命是要使大家懂得中国过去的文化史；国学的方法是要用历史的眼光来整理一切过去文化的历史。国学的目的是要做成中国文化史。国学的系统的研究，要以此为归宿。一切国学的研究，无论时代古今，无论问题大小，都要朝着这一个大方向走。只有这个目的可以整统一切材料；只有这个任务可以容纳一切努力；只有这种眼光可以破除一切门户畛域。

我们理想中的国学研究，至少有这样的一个系统：

中国文化史：

（一）民族史

（二）语言文字史

（三）经济史

（四）政治史

（五）国际交通史

（六）思想学术史

（七）宗教史

（八）文艺史

（九）风俗史

（十）制度史

这是一个总系统。历史不是一件人人能做的事；历史家需要有两种必不可少的能力：一是精密的功力，一是高远的想像力。没有精密的功力，不能做搜求和评判史料的工夫；没有高远的想像力，不能构造历史的系统。况且中国这么大，历史这么长，材料这么多，除了分工合作之外，更无他种方法可以达到这个大目的。但我们又觉得，国故的材料太纷繁了，若不先做一番历史的整理工夫，初学的人实在无从下手，无从入门。后来的材料也无所统属；材料无所统属，是国学纷乱烦碎的重要原因。所以我们主张，应

该分这几个步骤:

第一,用现在力所能搜集考定的材料,因陋就简的先做成各种专史,如经济史,文学史,哲学史,数学史,宗教史……之类。这是一些大间架,他们的用处只是要使现在和将来的材料有一个附丽的地方。

第二,专史之中,自然还可分子目,如经济史可分时代,又可分区域;如文学史、哲学史可分时代,又可分宗派,又可专治一人;如宗教史可分时代,可专治一教,或一宗派,或一派中的一人。这种子目的研究是学问进步必不可少的条件。治国学的人应该各就"性之所近而力之所能勉者",用历史的方法与眼光担任一部分的研究。子目的研究是专史修正的唯一源头,也是通史修正的唯一源头。

(三)怎样"博采参考比较的资料"呢?向来的学者误认"国学"的"国"字是国界的表示,所以不承认"比较的研究"的功用。最浅陋的是用"附会"来代替"比较":他们说基督教是墨教的绪余,墨家的"巨子"即是"矩子",而"矩子"即是十字架!……附会是我们应该排斥的,但比较的研究是我们应该提倡的。有许多现象,孤立的说来说去,总说不通,总说不明白;一有了比较,竟不须解释,自然明白了。例如一个"之"字,古人说来说去,总不明白;现在我们懂得西洋文法学上的术语,只须说某种"之"字是内动词(由是而之焉),某种是介词(贼夫人之子),某种是指物形容词(之子于归),某种是代名词的第三身用在目的位(爱之能勿劳乎),就都明白分明了。又如封建制度,向来被那方块头的分封说欺骗了,所以说来说去,总不明白;现在我们用欧洲中古的封建制度和日本的封建制度来比较,就容易明白了。音韵学上,比较的研究最有功效。用广东音可以考侵、覃各韵的古音,可以考古代入声各韵的区别。近时西洋学者如 Karlgren，如 Baron von Staël-Holstein，用梵文原本来对照汉文译音的文字，很可以帮助我们解决古音学上的许多困难问题。不但如此，日本语里，朝鲜语里，安南语里，都保存有中国古音可以供我们的参考比较。西藏文自唐朝以来，音读虽变了，而文字的拼法不曾变，更可以供我们的参考比较，也许可以帮助我们发现中国古音里有许多奇怪的复辅音呢。制度史上，这种比较的材料也极重要，懂得了西洋的议会制度史，我们更可以了解中国御史制度的性质与价值；懂得了欧美高等教育制度史，我们更能了解中国近一千年来的书院制度的性质与价值。哲学史上，这种比较的材料已发生很大的助力了。《墨子》里的《经上下》诸篇，若没有印度因明学和欧洲哲学作参考，恐怕至今还是几篇无人能解的奇书。韩非、王莽、王安石、李贽……一班人，若没有西洋思想作比较，恐怕至今还是沉冤莫白。看惯了近世国家注重财政的趋势，自然不觉得李觏、王安石的政治思想的可怪了。懂得了近世社会主义的政策，自然不能不佩服王莽、王安石的见解和魄力了。《易·系辞传》里"易者，象也"的理论，得柏拉图的"法象论"的比较而更明白；《荀卿书》里"类不悖，虽久同理"的理论，得亚里士多德的"类不变论"的参考而更易懂。这都是明显的例。至于文学史上，小说、戏曲近年忽然受学者的看重，民间俗歌近年渐渐引起学者的注意，都是和西洋文学接触比较的功效更不消说了。此外，如宗教的研究，民俗的研究，美术的研究，也都是不能不利用参考比较的材料的。

以上随便举的例，只是要说明比较参考的重要。我们现在治国学，必须要打破闭关孤立的态度，要存比较研究的虚心。第一，方法上，西洋学者研究古学的方法早已影响日本的学术界了，而我们还在冥行索途的时期。我们此时应该虚心采用他们的科学的方法，补救我们没有条理系统的习惯。第二，材料上，欧美日本学术界有无数的成绩可以供我们的参考比较，可以给我们开无数新法门，可以给我们添无数借鉴的镜子。学术的大仇敌是孤陋寡闻；孤陋寡闻的唯一良药是博采参考比较的材料。

我们观察这三百年的古学史，研究这三百年的学者的缺陷，知道他们的缺陷都是可以补救的；我们又返观现在古学研究的趋势，明白了世界学者供给我们参考比较的好机会，所以我们对于国学的前途，不但不抱悲观，并且还抱无穷的乐观。我们认清了国学前途的黑暗与光明全靠我们努力的方向对不对。因此，我们提出这三个方向来做我们一班同志互相督责勉励的条件：

第一，用历史的眼光来扩大国学研究的范围。

第二，用系统的整理来部勒国学研究的资料。

第三，用比较的研究来帮助国学的材料的整理与解释。

十二，一月

古史讨论的读后感

《读书杂志》上顾颉刚、钱玄同、刘掞藜、胡堇人四位先生讨论古史的文章,已做了八万字,经过了九个月,至今还不曾结束。这一件事可算是中国学术界的一件极可喜的事,他在中国史学史上的重要一定不亚于丁在君先生们发起的科学与人生观的讨论在中国思想史上的重要。这半年多的《努力》和《读书杂志》的读者也许嫌这两组大论争太繁重了,太沉闷了;然而我们可以断言这两组的文章是《努力》出世以来最有永久价值的文章。在最近的将来,我这个武断的估价就会有多人承认的。

这一次古史的讨论里最徼幸的是双方的旗鼓相当,阵势都很整严,所以讨论最有精采。顾先生说的真不错:

> 中国的古史全是一篇糊涂账。二千余年来随口编造,其中不知有多少罅漏,可以看得出它是假造的。但经过了二千余年的编造,能够成立一个系统,自然随处也有它的自卫的理由。现在我尽寻它的罅漏,刘先生尽寻它的自卫的理由,这是一件很好的事。即使不能遽得结论,但经过了长时间的讨论,至少可以指出一个公认的信信和疑疑的限度来,这是

无疑的。

我们希望双方的论主都依着这个态度去搜求证据。这一次讨论的目的是要明白古史的真相。双方都希望求得真相,并不是顾先生对古史有仇,而刘先生对古史有恩。他们的目的既同,他们的方法也只有一条路:就是寻求证据。只有证据的充分与不充分是他们论战胜败的标准,也是我们信仰与怀疑的标准。

现在双方的讨论都暂时休战了,——顾先生登有启事,刘先生没有续稿寄来。我趁这个机会,研究他们的文章,忍不住要说几句旁观的话,就藉着现在最时髦的名称"读后感"写了出来,请四位先生指教。

第一、所谓"影响人心"的问题。这是开宗明义的要点,我们先要说明白。刘先生说:

> 因为这种翻案的议论,这种怀疑的精神,很有影响于我国的人心和史界,心有所欲言,不敢不告也。(《读书杂志》十三期)

他又说:

> 先生这个翻案很足影响人心;我所不安,不敢不吐。(《读书杂志》十六期)

否认古史某部分的真实,可以影响于史界,那是自然的事。但这事决不会在人心上发生恶影响。我们不信盘古氏和天皇、地皇、人皇氏,人心并不因此变坏。假使我们进一步,不能不否认神农黄帝了,人心也并不因此变坏。假使我们更进一步,又不能不否认尧舜和禹了，人心也并不因此变坏。——岂但不变坏？如果我们的翻案是有充分理由的，我们的翻案只算是破了一件几千年的大骗案，于人心只有好影响，而无恶影响。即使我们的证据不够完全翻案，只够引起我们对于古史某部分的怀疑，这也是警告人们不要轻易信仰，这也是好影响，并不是恶影响。本来刘先生并不曾明说这种影响的善恶，也许他单指人们信仰动摇。但这几个月以来，北京很有几位老先生深怪顾先生"忍心害理"，本来我不能不替他申辩了一句。这回的论争是一个真伪问题；去伪存真，决不会有害于人心。譬如猪八戒抱住了假唐僧的头颅痛哭，孙行者告诉他那是一块木头，不是人头，猪八戒只该欢喜，不该恼怒。又如穷人拾得一圆假银圆，心里高兴，我们难道因为他高兴就不该指出那是假银圆吗？上帝的观念固然可以给人们不少的安慰，但上帝若真是可疑的，我们不能因为人们的安慰就不肯怀疑上帝的存在了。上帝尚且如此，何况一个禹，何况黄帝尧舜？吴稚晖先生曾说起黄以周在南菁书院做山长时，他房间里的壁上有八个大字的座右铭：

实事求是，莫作调人。

我请用这八个字贡献给讨论古史的诸位先生。

第二，顾先生的"层累地造成的古史"的见解真是今日史学界的一大贡献，我们应该虚心地仔细研究它，虚心地试验它，不应该叫我们的成见阻碍这个重要观念的承受。这几个月的讨论不幸渐渐地走向琐屑的枝叶上去了；我恐怕一般读者被这几万字的讨论迷住了，或者竟忽略了这个中心的见解，所以我要把它重提出来，重引起大家的注意。顾先生自己说"层累地造成的古史"有三

个意思:

一、可以说明时代愈后,传说的古史期愈长。

二、可以说明时代愈后,传说中的中心人物愈放愈大。

三、我们在这上,即不能知道某一件事的真确的状况,也可以知道某一件事在传说中的最早状况。

这三层意思都是治古史的重要工具。顾先生的这个见解,我想叫它做"剥皮主义",譬如剥笋,剥进去方才有笋可吃。这个见解起于崔述;崔述曾说:

世益古则其取舍益慎,世益晚则其采择益杂。故孔子序《书》,断自唐虞,而司马迁作《史记》乃始于黄帝。……近世以来……乃始于庖牺氏或天皇氏,甚至有始于开辟之初盘古氏者。……嗟夫,嗟夫,彼古人者诚不料后人之学之博之至于如是也。(《考信录·提要》上,二十二)

崔述剥古史的皮,仅剥到《经》为止,还不算彻底。顾先生还要进一步,不但剥的更深,并且还要研究那一层一层的皮是怎样堆砌起来的。他说:

我们看史迹的整理还轻,而看传说的经历却重。凡是一件史事应看它最先是怎样,以后逐步逐步的变迁是怎样。

这种见解重在每一种传说的"经历"与演进。这是用历史演进的见解来观察历史上的传说。

这是顾先生这一次讨论古史的根本见解,也就是他的根本方法。他初次应用这方法,在百忙中批评古史的全部,也许不免有些微细的错误。但他这个根本观念是颠扑不破的,他这个根本方法是愈用愈见功效的。他的方法可以总括成下列的方式。

一、把每一件史事的种种传说,依先后出现的次序,排列起来。

二、研究这件史事在每一个时代有什么样子的传说。

三、研究这件史事的渐演进:由简单变为复杂,由陋野变为雅驯,由地方的(局部的)变为全国的,由神变为人,由神话变为史事,由寓言变为事实。

四、遇可能时,解释每一次演变的原因。

他举的例是"禹的演进史"。

禹的演进史,至今没有讨论完毕,但我们不要忘了禹的问题只是一个例,不要忘了顾先生的主要观点在于研究传说的经历。

我在几年前也曾用这个方法来研究一个历史问题——井田制度。我把关于井田制度的种种传说,依出现的先后,排成一种井田论的演进史:

一、《孟子》的"井田论"很不清楚,又不完全。

二、汉初写定的《公羊传》只有"什一而藉"一句。

三、汉初写定的《谷梁传》说的详细一点,但只是一些"望文生义"的注语。

四、汉文帝时的《王制》是依据《孟子》而稍加详的,但也没有分明的井田制。

五、文景之间的《韩诗外传》演述《谷梁传》的话,做出一种清楚分明的井田论。

六、《周礼》更晚出,里面的井田制就很详细,很整齐,又很繁密了。

七、班固的《食货志》参酌《周礼》与《韩诗》的井田制,并成一种调和的制度。

八、何休的《公羊解诂》更晚出,于是参考《孟子》、《王制》、《周礼》、《韩诗》的各种制度,另做成一种井田制。(看初排本《胡适文存》二,页二六四—二八一)

这一个例也许可以帮助读者明了顾先生的方法的意义,所以我引他在这儿,其实古史上的故事没有一件不曾经过这样的演进,也没有一件不可用这个历史演进的(evolutionary)方法去研究。尧舜禹的故事,黄帝神农庖牺的故事,汤的故事,伊尹的故事,后稷的故事,文王的故事,太公的故事,周公的故事,都可以做这个方法的实验品。

第三、我们既申说了顾先生的根本方法,也应该考察考察刘掞藜先生的根本态度与方法。刘先生自己说:

> 我对于古史只采取"察传"的态度,参之以情,验之以理,断之以证。(《读书杂志》十三期)

他又说:

> 我对于经书或任何子书,不敢妄信,但也不敢闭着眼睛,一笔抹杀;总须度之以情,验之以理,决之以证。

这话粗看上去似乎很可满人意了。但仔细看来,这里面颇含有危险的分子。"断之以证"固是很好,但"情"是什么?"理"又是什么?刘先生自己虽没有下定义,但我们看他和钱玄同先生讨论的

话,一则说:

> 但是我们知道文王至仁。

再则说:

> 我们也知道周公至仁。

依科学的史家的标准,我们要问,我们如何知道文王周公的至仁呢?"至仁"的话是谁说的?起于什么时代?刘先生信"文王至仁"为原则,而以"执讯连连,攸馘安安"为例外;又信"周公至仁"为原则,而以破斧缺斨为例外。不知在史学上,《皇矣》与《破斧》之诗正是史料,而至仁之说却是后起的传说变成的成见。成见久据于脑中,不经考察,久而久之便成了情与理了。

刘先生列举情、理、证三者,而证在最后一点。他说"参之以情",又说"度之以情"。崔述曾痛论这个方法的危险道:

> 人之情好以己度人,以今度古……往往径庭悬隔,而其人终不自知也……以己度人,虽耳目之前而必失之。况欲以度古人……岂有当乎?(《考信录·提要》上,四)

作《皇矣》诗的人并无"王季文王是纣臣"的成见,作《破斧》诗的人也并无"周公圣人"的成见;而我们生在几千年后,从小就灌饱了无数后起的传说,于今戴着传说的眼镜去读诗,自以为"度之以情",而不知只是度之以成见呵。

至于"验之以理",更危险了。历史家只应该从材料里,从证据里,去寻出客观的条理。如果我们先存一个"理"在脑中,用理去"验"事物,那样的"理"往往只是一些主观的意见。例如刘先生断定《国语》《左传》说烈山氏之子柱能殖百谷百蔬的话不是凭空杜撰的,他列举二"理",证明烈山氏时有"殖百谷百蔬"的可能。他所谓"理",正是我们所谓"意见"。如他说:

> 人必藉动植物以生;既有动植物矣,则必有谷有蔬也无疑。夫所谓种植耕稼者,不过以一举手一投足之劳,扫荒薉,培所欲之植物而已。此植物即所谓"百谷百蔬"也。(《读书杂志》十五,圈点依原文。)

这是全无历史演进眼光的臆说。稍研究人类初民生活的人,都知道一技一术在今日视为"不过一举手一投足之劳"的,在初民社会里往往须经过很长的时期而后偶然发明。"藉动植物以生"是一件事,而"种植耕稼"另是一件事。种植耕稼须假定一、辨认种类的能力,二、预料将来收获的能力,三、造器械的能力,四、用人工补助天行的能力,五、比较有定居的生活……等等条件备具,方才有农业可说。故治古史的人,若不先研究人类学、社会学,决不能了解先民创造一技一艺时的艰难,正如我们成年的人高谈阔论而笑小孩子牙牙学语的困难;名为"验之以理"而其实仍是"以己度人,以今度古"。

最后是"断之以证"。在史学上证据固然最重要,但刘先生以情与理揣度古史,而后"断之以证",这样的方法很有危险。我们试引刘先生驳顾先生论古代版图一段做例。《尧典》的版图有交趾,顾先生疑心那是秦汉的疆域。刘先生驳他道:

就我所知,春秋之末,秦汉之前,竟时时有人道及交趾,甚且是尧舜抚有交趾。

他引四条证据:

一、《墨子·节用》中。
二、《尸子》佚文。
三、《韩非子·十过》。
四、《大戴礼记·少闲》。

《大戴礼》是汉儒所作,刘先生也承认。前面三条,刘先生说"总可认为战国时文"。——这一层我们姑且不和他辩;我们姑且依他承认此三条为"战国时文"。依顾先生的方法,这三条至多不过证明战国时有人知有交趾罢了。然而刘先生的"断之以证"的方法却真大胆!他说:

知有交趾,则是早已与交趾有关系了。但是我们知道春秋、东周、西周、商、夏都与交趾没有来往,是墨子、尸子、韩非等所言,实由尧之抚有交趾也。

战国时的一句话,即使是真的,便可以证明二千年前的尧时的版图,这是什么证据?况且刘先生明明承认"春秋东周、西周、商、夏都与交趾没有来往";若依顾先生的方法,单这一句已可以证明《尧典》为秦汉时的伪书了。

我们对于"证据"的态度是:一切史料都是证据。但史家要问:一、这种证据是在什么地方寻出的?二、什么时候寻出的?

三、什么人寻出的？四、依地方和时候上看起来，这个人有做证人的资格吗？五、这个人虽有证人资格，而他说这句话时有作伪（无心的，或有意的）的可能吗？

刘先生对于这一层，似乎不很讲究。如他上文举的三条证据，(a)举《墨子·节用》篇屡称"子墨子曰"，自然不是"春秋之末"的作品。(b)尸佼的有无，本不可考；《尸子》原书已亡，依许多佚文看来，此书大概作于战国末年，或竟是更晚之作。(c)《韩非子》一书本是杂凑起来的；《十过》一篇，中叙秦攻宜阳一段，显然可证此篇不是韩非所作，与《初见秦》等篇同为后人伪作的。而刘先生却以为"以韩非之疑古，犹且称道之"。不知《显学》篇明说"明据先王，必定尧舜者，非愚则诬也"；《五蠹》篇明说"今有美尧舜汤武禹之道于当今之世者，必为新圣笑矣"。即用此疑古的两篇作标准，已可以证明《十过》篇之为伪作而无疑。这些东西如何可作证据用呢？

以上所说，不过是我个人的读后感。内中颇有偏袒顾先生的嫌疑，我也不用讳饰了。但我对于刘掞藜先生搜求材料的勤苦，是十分佩服的；我对他的批评，全无恶感，只有责备求全之意，只希望他对他自己治史学的方法有一种自觉的评判，只希望他对自己搜来的材料也有一种较严苛的评判，而不仅仅奋勇替几个传说的古圣王作辩护士。行文时说话偶有不检点之处，我也希望他不至于见怪。

十三，二，八

"研究国故"的方法[*]

研究国故,在现时确有这种需要。但是一般青年,对于中国本来的文化和学术,都缺乏研究的兴趣。讲到研究国故的人,真是很少。这原也怪不得他们,实有以下二种原因:一、古今比较起来,旧有的东西就很易现出破绽。在中国,科学一方面,当然是不足道的;就是道德和宗教,也都觉浅薄得很。这样,当然不能引起青年们的研究兴趣了。二、中国的国故书籍,实在太没有系统了。历史书,一本有系统的也找不到;哲学也是如此。就是文学一方面,《诗经》总算是世界文学上的宝贝,但假使我们去研究《诗经》,竟没有一本书能供给我们做研究的资料的。原来中国的书籍,都是为学者而设,非为普通人、一般人的研究而做的。所以青年们要研究,也就无从研究起。我很望诸君对于国故,有些研究的兴趣,来下一番真实的功夫,使彼成为有系统的。对于国故,亟应起

---

[*] 这是胡适1921年7月31日在南京东南大学、南京高师暑期学校和1922年10月在北京高等师范学校的讲演稿。枕薪记录稿,载1921年8月4日上海《民国日报·觉悟》副刊,又载《国文学会丛刊》第1卷第1期、《东方杂志》第18卷第16期;收入开明书店出版的《我们怎样读书?》、台北文星书店出版的《胡适选集》演说分册、台北胡适纪念馆编辑出版的《胡适演讲集》下册。

来整理，方能使人有研究的兴趣，并能使有研究兴趣的人容易去研究。

"国故"的名词，比"国粹"好得多。自从章太炎著了一本《国故论衡》之后，这"国故"的名词于是成立。如果讲是"国粹"，就有人讲是"国渣"。"国故"（Nationalpast）这个名词是中立的。我们要明了现社会的情况，就得去研究国故。古人讲，知道过去才能知道现在。国故专讲国家过去的文化，要研究它，就不得不注意以下四种方法：

一、历史的观念。现在一般青年，所以对于国故没有研究兴趣的缘故，就是没有历史的观念。我们看旧书，可当他做历史看。清乾隆时，有个叫章学诚的，著了一本《文史通义》，上边说："六经皆史也。"我现在进一步来说："一切旧书——古书——都是史也。"本来历史的观念，就不由然而然的生出兴趣了。如道家炼丹修命，确是很荒谬的，不值识者一笑。但本来历史的观念，看看他究竟荒谬到了什么田地，亦是很有趣的。把旧书当做历史看，知他好到什么地步，或是坏到什么地步，这是研究国故方法的起点，是"开宗明义"第一章。

二、疑古的态度。疑古的态度，简要言之，就是"宁可疑而错，不可信而错"十个字。譬如《书经》，有今文《尚书》和古文《尚书》之别。有人说，古文《尚书》是假的；今文《尚书》有一部分是真的，余外一部分，到了清时，才有人把它证明是假的。但是现在学校里边，并没有把假的删去，仍旧读它全书，这是我们应该怀疑的。至于《诗经》，本有三千篇，被孔子删剩十分之一，只得了三百篇。《关雎》这一首诗，孔子把它列在第一首。这首诗是很好的，内容是一很好的女子，有一男子要伊做妻子，但这事不易办到，于是男子"寤寐求之"，连睡在床上都要想伊，更要"悠哉悠哉辗转反侧"

呢！这能表现一种很好的爱情，是一首爱情的相思诗。后人误会，生了许多误解，竟牵到旁的问题上去。所以疑古的态度有两方面好讲：一、疑古书的真伪；二、疑真书被那山东老学究弄伪的地方。我们疑古底目的，是在得其"真"，就是疑错了，亦没有什么要紧。我们知道，[没有]那一个科学家是没有错误的。假使信而错，那就上当不浅了！自己固然一味迷信，情愿做古人底奴隶，但是还要引旁人亦入于迷途呢！我们一方面研究，一方面就要怀疑，庶能不上老当呢！如中国底历史，从盘古氏一直相传下来，年代都是有"表"的，"像煞有介事"，看来很是可信。但是我们要怀疑，这怎样来的呢？根据什么呢？我们总要"打破砂锅问到底"，究其来源怎样。要知道这年月的计算，有的是从伪书来的，大部分还是宋朝一个算命先生用算盘打出来的呢。这那能信呢！我们是不得不去打破他的。

在东周以前的历史，是没有一字可以信的。以后呢？大部分也是不可靠的。如《禹贡》这一章书，一般学者都承认是可靠的。据我用历史的眼光看来，也是不可靠的，我敢断定它是伪的。在夏禹时，中国难道竟有这般大的土地么？四部书里边的经、史、子三种，大多是不可靠的。我们总要有疑古的态度才好！

三、系统的研究。古时的书籍，没有一部书是"著"的。中国的书籍虽多，但有系统的著作，竟找不到十部。我们研究无论什么书籍，都宜要寻出它的脉络，研究它的系统。所以我们无论研究什么东西，就须从历史方面着手。要研究文学和哲学，就得先研究文学史和哲学史。政治亦然。研究社会制度，亦宜先研究其制度沿革史，寻出因果的关系，前后的关键，要从没有系统的文学、哲学、政治等等里边，去寻出系统来。

有人说，中国几千年来没有进步，这话荒谬得很，足妨害我们研究的兴趣。更有一外国人，著了一部世界史，说中国自从唐代以后，就没有进步了，这也不对。我们定要去打破这种思想的。总之，我们是要从从前没有系统的文学、哲学、政治里边，以客观的态度去寻出系统来的。

四、整理。整理国故，能使后人研究起来不感受痛苦。整理国故的目的，就是要使从前少数人懂得的，现在变为人人能解的。整理的条件，可分形式、内容二方面讲：

（一）形式方面，加上标点和符号，替它分开段落来。

（二）内容方面，加上新的注解，折中旧有的注解。并且加上新的序跋和考证，还要讲明书的历史和价值。

我们研究国故，非但为学识起见，并为诸君起见，更为诸君的兄弟姊妹起见。国故的研究，于教育上实有很大的需要。我们虽不能做创造者，我们亦当做运输人——这是我们的责任，这种人是不可少的。

再谈谈"整理国故"*

鄙人前年曾在贵校的暑期学校讲演过一次"研究国故",故今天的题名曰《再谈谈"整理国故"》。那时我重在破坏方面提倡疑古,今天要谈的却偏于建设方面了。我对人说:我国各种科学没有一种比得上西洋各国,现在要办到比伦于欧美,实在不容易。但国故是我们自己的东西,总应该办来比世界各国好。这种责任,是放在贵校与北大的国学系,与有志整理国故者的肩上,盼望诸君努力!

"国故"二字为章太炎先生创出来的,比国粹、国华……等名词要好得多,因为他没有含得有褒贬的意义。现在一般老先生们看见新文化的流行,读古书的人日少,总是叹息说:"西风东渐,国粹将沦亡矣!"但是把古书试翻开一看,错误舛伪,佶屈聱牙,所在皆是。欲责一般青年皆能读之,实属不可能。即使"国粹沦亡",亦非青年之过,乃老先生们不整理之过。故欲免"国粹沦亡"之

---

* 这是胡适1924年1月27日在南京东南大学国学研究班上所作的讲演,由叶维笔记。载1924年2月25日《晨报副镌》,收入1927年群学社出版的《国故学讨论集》第一集(许啸天编)。

祸,非整理国故、使一般青年能读不可!据我个人意见,整理之方式有四种:

1.最低限度之整理——读本式的整理;

2.索引式的整理;

3.结账式的整理;

4.专史式的整理。

一、读本式的整理。这种方式,即是整理所有最著名的古书,使成为普通读本,使一般人能读能解。现在一般青年不爱读古书,确是事实,但试思何以青年不爱读古书呢?因为科学发达的原故吗?西洋文化输入的原故吗?学校里课程繁重的原故吗?我敢说都不是重要的原因,实因没有人整理,不容易读懂的原故。我已于上文说过了,试举个例来证明。Shaksespeare[莎士比亚]的《莎氏乐府》与Milton[弥尔顿]的《失乐园》及现在的《圣经》(Bible)的原本,不是很难懂的吗?何以现在英、美人个个能读呢?并不是英、美人爱读古书,我国青年不爱读古书,实在因《莎氏乐府》、《失乐园》、《圣经》有很通俗、最易解的译本罢了!但这种整理,要具有下列五种方法:

(1)校雠。古书中有许多本来是很易懂,往往因传写或印刻的错误,以致佶屈的。如《论语》中"君子耻其言而过其行"一句中的"而"字,很不易解,但依别本"而"字为"之"字,则明畅易懂了。故依据古本或古书引用的原文来校对,是整理国故中的最重要的方法。

(2)训诂。训诂即下注解。因从古至今,语言文字经过许多变迁,故有些句子初学不易看懂,故注解亦是必需的;但注解不宜滥用,须有下列二条件,才下注解。(甲)必不可少——因为有许多书很明白,加了注解,反使读者不了然;(乙)要有根据——注解不能随个人主观的见解妄下，须根据古字典或古注，或由上下文比较，始能得确凿的意义。

（3）标点。有许多书加上标点，他的意义、气态就完全明白了，不必加注解了。故标点亦是很重要的。

（4）分段。我国文章，多系一气写成，以致思想、意义初学者不易看出；若一经分段，则于作者的思想、意义极易看出，节省读者的精力不少。

（5）介绍。我们要彻底了解一部书，对于作者之历史、环境、地位……不能不知道，故宜于每部古书之前，作以上所说种种之简单介绍与批评，于初学者补助不少。

有以上五种方法来整理古书，则读本式的整理即成功了，恐怕青年人也爱读古书了。

二、索引式的整理。索引怎样解呢？如以绳索钱，使能提纲挈领也。西洋书籍，差不多每本都有索引（Index），检查非常便利。而我国的书没有一本有的，如问一个稍不著名的人为何时人，则非检查许多书不能览得，有时竟查不出，这是何等痛苦啊！后来汪辉祖著《姓氏韵编》，看起来很平常，然而后学者却受惠不少了！但很不完备。现在非有人出来作这工作不可。这种工作并不难，中等人才都可以干的。我很希望大家起来合作！

三、结账式的整理。怎么叫结账式的整理呢？譬如说，以前有许多学者说《尚书》中有许多篇为东晋梅赜所上的伪书；有些人又说不是；又古今文之争，至今未决。又如有人说《诗经》的小序是子夏作的，有人又反对。我们应当把自古迄今各家的聚讼结合起来，作一评断，好像商家在年底结账一样，所以叫结账式。有这种整理，初学者就不至陷入迷途了。

四、专史式整理。有以上三种方式之整理了，然后就各种性质类似的古书纂集起来作一种专史，如诗赋史、词曲史……等类是也。这种整理,能使初学者不耗几多脑力,即能知国学中各门之源流及其梗概了。

以上把各种方式及方法说完了,再来谈谈实际的整理。我既主张用以上几种方式整理国故,所以我就选了《诗经》来做第一种方式的整理——即读本式的整理。及至我把《诗经》看一遍后,才知数千年来许多大经师没有把《诗经》弄明白。我并不是说我弄明白了,但我敢大胆说,至少要比古人多明白一点。譬如《诗经·大雅·公刘》章云:"于"胥"斯原"。这"胥"字,以前注《诗经》者都当作"相"字解,但实在讲不通。试问"于相斯原"又怎样讲呢?但我们用比较法观之,则一望而知"胥"为一地名。因其余两章有"于京斯依"、"于豳斯馆"同文法的句子,注云:"京"与"豳"皆地名,则"胥"为地名无疑了。又《召南·采蘋》章云:"于以采蘋。南涧之滨。于以采藻。于彼行潦"一章,不知注解说些什么。但我们若将原文加上标点,成为"于以采蘋?南涧之滨;于以采藻?于彼行潦。"则为很明白的一问一答的句子。意即一问:那里去采蘋呢?一答:到南涧之滨去采。又问:那里去采藻呢?一答:于彼行潦去采。由上二例,可见古人实在没有把《诗经》弄明白。这种工作,在清代已经很发达了,如王念孙父子的《经传释词》、俞樾之《古书疑义举例》等书,都是用这种方法做成的。不过他们的方法还未十分精密,不能使人满意。如释某字为某词,——如释"焉"为语助词——究竟某词又如何解呢?他们就答不出来了。

以上所讲几种整理国故的方式,都是很容易办到的,只要中才的人,有了国学常识,都可以做。希望诸君起来合作,把难读难解的古书一部一部的整理出来,使人人能读,虽属平庸,但实嘉惠后学不少。

清代学者的治学方法*

一

研究欧洲学术史的人知道科学方法不是专讲方法论的哲学家所发明的,是实验室里的科学家所发明的,不是亚里士多德(Aristotle)、倍根(Bacon)、弥儿(Mill)一般人提倡出来的,是格利赖(Galileo)、牛敦(Newton)、勃里斯来(Priestley)一般人实地试行出来的。即如世人所推为归纳论理的始祖的倍根,他不过曾提倡知识的实用和事实的重要,故略带着科学的精神。其实他所主张的方法,实行起来,全不能适用,决不能当"科学方法"的尊号。后来科学大发达,科学的方法已经成了一切实验室的公用品,故弥儿能把那时科学家所用的方法编理出来,称为归纳法的五种细则。但是弥儿的区分,依科学家的眼光看来,仍旧不是科学用来发明真理解释自然的方法的全部。弥尔和倍根把演绎法看得太轻了,以为只有归纳法是科学方法。近来的科学家和哲学家渐渐

---

* 原载1919年11月、1920年9月、1921年4月《北京大学月刊》第5、7、9期。原题《清代汉学家的科学方法》。收入《胡适文存》时作者作了修改。

的懂得假设和证验都是科学方法所不可少的主要分子,渐渐的明白科学方法不单是归纳法,是演绎和归纳相互为用的,忽而归纳,忽而演绎,忽而又归纳;时而由个体事物到全称的通则,时而由全称的假设到个体的事实,都是不可少的。我们试看古今来多少科学的大发明,便可明白这个道理。更浅一点,我们走进化学实验室里去做完一小盒材料的定性分析,也就可以明白科学的方法不单是归纳一项了。

欧洲科学发达了二三百年,直到于今方才有比较的圆满的科学方法论。这都是因为高谈方法的哲学家和发明方法的科学家向来不很接近,所以高谈方法的人至多不过能得到一点科学的精神和科学的趋势;所以创造科学方法和实用科学方法的人,也只顾他自己研究试验的应用,不能用哲学综合的眼光把科学方法的各方面详细表示出来,使人了解。哲学家没有科学的经验,决不能讲圆满的科学方法论。科学家没有哲学的兴趣,也决不能讲圆满的科学方法论。

不但欧洲学术史可以证明我这两句话,中国的学术史也可以引来作证。

二

当印度系的哲学盛行之后,中国系的哲学复兴之初,第一个重要问题就是方法论,就是一种逻辑。那个时候,程子到朱子的时候,禅宗盛行,一个"禅"字几乎可以代表佛学。佛学中最讲究逻辑的几个宗派,如三论宗和法相宗都很不容易研究,经不起少许政府的摧残,就很衰微了。只有那"明心见性,不立文字"的禅宗,仍旧风行一世。但是禅宗的方法完全是主观的顿悟,决不是多数人"自悟悟他"的方法。宋儒最初有几个人曾采用道士派关起门来虚造宇宙论的方法,如周濂溪、邵康节一班人。但是他们只造出几种道士气的宇宙观,并不曾留下什么方法论。直到后来宋儒把《礼记》里面一篇一千七百五十个字的《大学》提出来,方才算是寻得了中国近世哲学的方法论。自此以后,直到明代和清代,这篇一千七百五十个字的小书仍旧是各家哲学争论的焦点。程、朱、陆、王之争,不用说了。直到二十多年前康有为的《长兴学记》里还争论"格物"两个字究竟怎样解说呢!

《大学》的方法论,最重要的是"致知在格物"五个字。程子、朱子一派的解说是:

> 所谓"致知在格物"者,言欲致吾之知,在即物而穷其理也。盖人心之灵莫不有知,而天下之物莫不有理。惟于理有未穷,故其知有不尽也。是以《大学》始教,必使学者即凡天下之物,莫不因其已知之理而益穷之,以求至乎其极。至于用力之久,而一旦豁然贯通焉,则众物之表里精粗无不到,而吾心之全体大用无不明矣。(朱子补《大学》第五章)

这一种"格物"说便是程朱一派的方法论。这里面有几点很可注意。(1)他们把"格"字作"至"字解,朱子用的"即"字,也是"到"的意思。"即物而穷其理"是自己去到事物上寻出物的道理来。这便是归纳的精神。(2)"即凡天下之物,莫不因其已知之理而益穷之,以求至乎其极。"这是很伟大的希望。科学的目的,也不过如此。小程子也说,"语其大至天地之高厚,语其小至一物之所以然,学者皆当理会。"倘宋代的学者真能抱着这个目的做去,也许做出一些科学的成绩。

但是这种方法何以没有科学的成绩呢？这也有种种原因。(1)科学的工具器械不够用。(2)没有科学应用的需要。科学虽不专为实用，但实用是科学发展的一个绝大原因。小程子临死时说，"道著用，便不是。"这种绝对非功用说，如何能使科学有发达的动机？(3)他们既不讲实用，又不能有纯粹的爱真理的态度。他们口说"致知"，但他们所希望的，并不是这个物的理和那个物的理，乃是一种最后的绝对真理。小程子说，"今日格一件，明日格一件，积习既多，然后脱然有贯通处。"又说，"自一身之中，至万物之理，但理会得多，自然豁然有觉悟处。"朱子上文说的"至于用力之久，而一旦豁然贯通焉，则众物之表里精粗无不到，而吾心之全体大用无不明矣。"这都可证宋儒虽然说"今日格一事，明日格一事"，但他们的目的并不在今日明日格的这一事。他们所希望的是那"一旦豁然贯通"的绝对的智慧。这是科学的反面。科学所求的知识正是这物那物的道理，并不妄想那最后的无上智慧。丢了具体的物理，去求那"一旦豁然贯通"的大澈大悟，决没有科学。

再论这方法本身也有一个大缺点。科学方法的两个重要部分，一是假设，一是实验。没有假设，便用不着实验。宋儒讲格物全不注重假设。如小程子说，"致知在格物，物来则知起。物各付物，不役其知，则意诚不动。"天下那有"不役其知"的格物？这是受了《乐记》和《淮南子》所说"人生而静，天之性也，感于物而动，性之欲也"，那种知识论的毒。"不役其知"的格物，是完全被动的观察，没有假设的解释，也不用实验的证明。这种格物如何能有科学的发明？

但是我们平心而论，宋儒的格物说，究竟可算得是含有一点归纳的精神。"即凡天下之物，莫不因其已知之理而益穷之"一句

话里,的确含有科学的基础。朱子一生有时颇能做一点实地的观察。我且举朱子《语录》里的两个例:

(1)今登高山而望,群山皆为波浪之状,便是水泛如此,只不知因什么事凝了。

(2)尝见高山有螺蚌壳,或生石中。此石即旧日之土,螺蚌即水中之物。下者却变而为高,柔者却变而为刚。此事思之至深,有可验者。

这两条都可见朱子颇能实行格物。他这种观察,断案虽不正确,已很可使人佩服。西洋的地质学者,观察同类的现状,加上胆大的假设,作为有系统的研究,便成了历史的地质学。

三

起初小程子把"格物"的物字解作"语其大至天地之高厚,语其小至一物之所以然",又解作"自一身之中,至万物之理"。这个"物"的范围,简直是科学的范围。但是当科学器械不完备的时候,这样的科学野心,不但做不到,简直是妄想。所以小程子自己先把"物"的范围缩小了。他说"穷理亦多端,或读书讲明义理,或论古今人物,别其是非,或应接事物,处其当然:皆穷理也。"这是把"物"字缩到"穷经,应事,尚论古人"三项。后来朱子便依着小程子所定的范围。朱子是一个读书极博的人,他的一生精力大半都用在"读书穷理","读书求义"上。他曾费了大工夫把《四子书》、《四经》(《易》、《诗》、《书》、《春秋》)自汉至唐的注疏细细整理一番,删去那些太繁的和那些太讲不通的,又加上许多自己的见解,做成了几部简明贯串的集注。这几部书,八百年来,在中国发生了莫大的势力。他在《大学》、《中庸》两部书上用力更多。每一部书有《章句》,又有《或问》、《中庸》,还有《辑略》。他教人看《大学》的法子,"须先读本文,念得,次将《章句》来解本文,又将《或问》来参《章句》,须逐一令记得,反复寻究,待他浃洽,既逐段晓得,将来统看温寻过,这方始是。"看这一条,可以想见朱子的格物方法在经学上的应用。

他这种方法是很繁琐的。在那禅学盛行的时代,这种方法自然很受一些人的攻击。陆子批评他道:"易简工夫终久大,支离事业竟浮沉。""支离事业"就是朱子一派的"传注"工夫。陆子自己说:"学苟知本,则《六经》皆我注脚。"又说,"《六经》注我,我注《六经》。"他所说的"本",就是自己的心。他说,"宇宙即是吾心,吾心即是宇宙。"他又说,"万物皆备于我。只要明理。然理不解自明,须是隆师亲友"。

朱子说,"人心之灵,莫不有知,而天下之物,莫不有理"。这是说"理"在物中,不在心内,故必须去寻求研究。陆子说"此心此理,实不容有二"。心就是理,理本在心中,故说"理不解自明"。这种学说和程朱一系所说"即物而穷其理"的方法,根本上立于反对的地位。

后来明代王阳明也攻击朱子的格物方法。阳明说:

> 众人只说格物要依晦翁,何曾把他的说去用。我着实曾用来。初年与钱友同论做圣贤要格天下之物,因指亭前竹子,令去格看。钱子早夜去穷格竹子的道理,竭其心思,至于三日,便致劳神成疾。当初说他是精力不足,某因自去穷格,早夜不得其理,到七日亦以劳思致疾。遂相与叹,圣贤是做

不得的,无他大力量去格物了!"

王阳明这样挖苦朱子的方法,虽然太刻薄一点,其实是很切实的批评。朱子一系的人何尝真做过"即凡天下之物,莫不因其已知之理而益穷之"的工夫?朱子自己说:"夫天下之物,莫不有理,而其精蕴则已具于圣贤之书,故必由是以求之。"从"天下之物"缩小到"圣贤之书",这一步可算跨得远了!

王阳明自己主张的方法大致和陆象山相同。阳明说:"心外无物。"又说:"物者,事也。凡意之所发,必有其事。意所在之事谓之物。"又说:"如吾心发一念孝亲,即孝亲便是物。"他把"格"字当作"正"字解,他说:"格者,正也,正其不正以归于正也。"他把"致知"解作"致吾心之良知",故要人"于其良知所知之善者,即其意之所在之物,而实为之,无有乎不尽;于其良知所知之恶者,即其意之所在之物,而实去之,无有乎不尽。"这就是格物。

陆王一派把"物"的范围限于吾心意念所在的事物,初看去似乎比程朱一派的"物"的范围缩小得多了。其实并不然。程朱一派高谈"即凡天下之物",其实只有"圣贤之书"是他们的"物"。陆王明明承认"格天下之物"是做不到的事,故把范围收小,限定"意所在之事谓之物。"但是陆王都主张"心外无物"的,故"意所在之事"一句话的范围可大到无穷,比程朱的"圣贤之书"广大得多了。还有一层,陆王一派极力提倡个人良知的自由,故陆子说"《六经》为我注脚",王子说,"夫学贵得之心,求之于心而非也,虽其言之出于孔子,不敢以为是也"。这种独立自由的精神便是学问革新的动机。

但是独立的思想精神,也是不能单独存在的。陆王一派的学说,解放思想的束缚是很有功的,但他们偏重主观的见解,不重物观的研究,所以不能得社会上一般人的信用。我们在三四百年后观察程、朱、陆王的争论,从历史的线索上看起来,可得这样一个结论:"程朱的格物论注重'即物而穷其理',是很有归纳的精神的。可惜他们存一种被动的态度,要想'不役其知',以求那豁然贯通的最后一步。那一方面,陆王的学说主张真理即在心中,抬高个人的思想,用良知的标准来解脱'传注'的束缚。这种自动的精神很可以补救程朱一派的被动的格物法。程朱的归纳手续,经过陆王一派的解放,是中国学术史的一大转机。解放后的思想,重新又采取程朱的归纳精神,重新经过一番'朴学'的训练,于是有清代学者的科学方法出现,这又是中国学术史的一大转机。"

四

中国旧有的学术,只有清代的"朴学"确有"科学"的精神。"朴学"一个名词包括甚广,大要可分四部分:

一、文字学(Philology)。包括字音的变迁,文字的假借通转,等等。

二、训诂学。训诂学是用科学的方法,物观的证据,来解释古书文字的意义。

三、校勘学(Textual Criticism)。校勘学是用科学的方法来校正古书文字的错误。

四、考订学(Higher Criticism)。考订学是考定古书的真伪,古书的著者,及一切关于著者的问题的学问。

因为范围很广,故不容易寻一个总包各方面的类名。"朴学"又称为"汉学",又称为"郑学"。这些名词都不十分满人意。比较起来,"汉学"两个字虽然不妥,但很可以代表那时代的历史背景。

"汉学"是对于"宋学"而言的。因为当时的学者不满意于宋代以来的性理空谈,故抬出汉儒来,想压倒宋儒的招牌。因此,我们暂时沿用这两个字。

"汉学"这个名词很可表示这一派学者的公同趋向。这个公同趋向就是不满意于宋代以来的学者用主观的见解来做考古学问的方法。这种消极方面的动机,起于经学上所发生的问题,后来方才渐渐的扩充,变成上文所说的四种科学。现在且先看汉学家所攻击的几种方法:

(1) 随意改古书的文字。

(2) 不懂古音,用后世的音来读古代的韵文,硬改古音为"叶音"。

(3) 增字解经。例如解"致和"为"致良知"。

(4) 望文生义。例如《论语》"君子耻其言而过其行",本有错误,故"而"字讲不通,宋儒硬解为"耻者,不敢尽之意,过者,欲有余之辞",却不知道"而"字是"之"字之误(皇侃本如此)。

这四项不过是略举几个最大的缺点。现在且举汉学家纠正这种主观的方法的几个例。唐明皇读《尚书·洪范》:"无偏无颇,遵王之义",觉得下文都协韵,何以这两句不协韵,于是下敕改"颇"为"陂",使与义字协韵。顾炎武研究古音,以为唐明皇改错了,因为古音"义"字本读为我,故与颇字协韵。他举《易·象传》"鼎耳革,失其义也;覆公餗,信如何也",又《礼记·表记》:"仁者,右也;道者,左也;仁者,人也;道者,义也",证明义字本读为我,故与左字,何字,颇字协韵。

又《易·小过》上六,"弗遇过之,飞鸟离之。"朱子说当作"弗过遇之"。顾炎武引《易·离》九三,"日昃之离,不鼓缶而歌,则大耋之嗟",来证明"离"字古读如罗,与过字协韵,本来不错。

"望文生义"的例如《老子》"行于大道,唯施是畏",王弼与河上公都把"施"字当作"施为"解。王念孙证明"施"字当读为"迆",作邪字解。他举的证据甚多:(1)《孟子·离娄》,"施从良人之所之",赵岐注,"施者,邪施而行",丁公著音迆。(2)《淮南·齐俗训》,"去非者,非批邪施也",高诱注,"施,微曲也。"(3)《淮南·要略》,"接径直施",高注,"施,邪也。"以上三证,证明施与迆通,《说文》说"迆,衺行也。"(4)《史记·贾生传》,"庚子日施兮",《汉书》写作"日斜兮"。(5)《韩非子》的《解老篇》解《老子》这一章,也说,"所谓大道也者,端道也。所谓貌施也者,邪道也。"以上两证,证明施字作邪字解。这种考证法还不令人心服吗?

这几条随便举出的例,可以表示汉学家的方法。他们的方法的根本观念可以分开来说:

(1)研究古书,并不是不许人有独立的见解,但是每立一种新见解,必须有物观的证据。

(2)汉学家的"证据"完全是"例证"。例证就是举例为证。看上文所举的三件事,便可明白"例证"的意思了。

(3)举例作证是归纳的方法。举的例不多,便是类推(Analogy)的证法。举的例多了,便是正当的归纳法(Induction)了。类推与归纳,不过是程度的区别,其实他们的性质是根本相同的。

(4)汉学家的归纳手续不是完全被动的,是很能用"假设"的。这是他们和朱子大不相同之处。他们所以能举例作证,正因为他们观察了一些个体的例之后,脑中先已有了一种假设的通则,然后用这通则所包涵的例来证同类的例。他们实际上是用个体的例来证个体的例,精神上实在是把这些个体的例所代表的通则,演绎出来。故他们的方法是归纳和演绎同时并用的科学方法。如上文所举的第一件事,顾炎武研究了许多例,得了"凡义字古音皆读为我"的通则。这是归纳。后来他遇着"无偏无颇,遵王之义"一个例,就用这个通则来解释他,说这个义字古音读为我,故能与颇字协韵。这是通则的应用,是演绎法。既是一条通则,应该总括一切"义"字,故必须举出这条"义读为我"的例,来证明这条"假设"的确是一条通则。印度因明学的三支,有了"谕体"(大前提),还要加上一个"谕依"(例),就是这个道理。

五

我现在且举几个最精密的长例来表示汉学家的科学方法。清代汉学的成绩要算文字学的音韵一部分为最大,故我先举钱大昕考定古今音变迁的一条例。钱氏于古音学上有两大发明,一是"古无轻唇音",一是"古无舌头舌上之分"。前一条我已引在我的《中国哲学史大纲》里了。现在且举他的"古无舌头舌上之分"一条。舌上的音如北方人读"知","彻","澄"三组的字都是舌上音。舌头音为"端","透","定"三组的字(西文的 D,T 两母的字)。钱氏发明现读舌上音的字,古音都读舌头的音。他举的例如下:

(1)《说文》"冲读若动"。《书》"惟予冲人",《释文》"直忠切"。古读直如特,冲子犹童子也。字母家不识古音,读冲为虫,不知古读虫亦如同也。《诗》"蕴隆虫虫",《释文》,"直忠反";徐,"徒冬反"。《尔雅》作爞爞;郭,"都冬反"。《韩诗》作烔,音徒冬反。是虫与同,音不异。

(2)古音中如得。《三仓》云,"中,得也。"《史记·封禅书》,"康后与王不相中";《周勃传》,"子胜之尚公主,不相中。"小司马皆训为得。

(3)古音陟如得。《周礼》,"太卜掌三梦之法……三曰咸陟。"

注,"陟之言得也,读如王德翟人之德。"

（4）古音赵如掫。《诗》"其镈斯赵",《释文》,"徒了反"。《周礼·考工记》注引此作"其镈斯挏",大了反。《荀子》杨倞注,"赵读为掉"。

（5）古音直如特。《诗》,"实惟我特",《释文》,"《韩诗》作直,云相当值也"。《檀弓》,"行并植于晋国",注,"植或为特"。《王制》"天子衵",《释文》,"犆音特"。

（6）古音竹如笃。《诗》"绿竹猗猗",《释文》,"《韩诗》作䔙,音徒沃反",与笃音相近,皆舌音也。笃竹并从得声。《论语》,"君子笃于亲",《汗简》云,"古文作竺"。《书》,"笃不忘",《释文》,"本又作竺"。《释诂》,"竺,厚也",《释文》,"本又作笃"。《汉书·西域传》,"无雷国北与捐毒接",师古曰,"捐毒即身毒,天毒也"。《张骞传》,"吾贾人转市之身毒国",邓展曰,"毒音督",李奇曰,"一名天竺"。《后汉书·杜笃传》,"攉天督",注,"即天竺国"。然则竺,笃,毒,督四字同音。

（7）古读猪如都。《檀弓》,"洿其宫而猪焉",注,"猪,都也,南方谓都为猪。"《书》"大野既猪",《史记》作既都。"荥波既猪",《周礼》注引作"荥播既都"。

（8）古读追如堆。《郊特牲》,"母追",《释文》,"多雷反"。枚乘《七发》,"逾岸出追",李善注,"追古堆字"。

（9）古读倬如菿。《诗》"倬彼甫田",《韩诗》作菿。

（10）古读枨如棠。孔子弟子申枨,《史记》作申棠。……因枨有棠音,可悟古读"长"丁丈切,与党音相似,正是音和,非类隔。

（11）古读池如沱。《诗》,"滮池北流",《说文》引作"滮沱"。《周礼》职方氏,"并州,其川虖池";《礼记》,"晋人将有事于河,必先有事于恶池",即滹沱之异文。

(12)古读廛如坛。《周礼》廛人,注,"故书廛为坛,杜子春读坛为廛。""载师以廛里任国中之地",注,"故书廛或为坛,司农读为廛。"

(13)古读秩如䄿。《书》,"平秩东作",《说文》引作䄿,从丰,弟声。……凡从失之字,如跌,迭,㹴,蛈,泆皆读舌音,则秩亦有迭音可信也。

(14)侄娣本双声字。《公羊·释文》,"侄,大结反,娣,大计反",此古音也。《广韵》,侄有"徒结","直一"两切。

(15)古读陈如田。《说文》"田,陈也。"陈完奔齐,以国为氏,而《史记》谓之田氏。是古田陈同声。

钱氏所举的例,不只这十五个,我不能全抄了。看他每举一个例,必先证明那个例;然后从那些证明了的例上求出那"古无舌头舌上之分"的大通则。这里面有几层的归纳,和几层的演绎。他从《诗·释文》、《檀弓·注》、《王制·释文》各例上寻出"古读直如特"的一条通则,便是一层归纳。他用同样的方法去寻出"古读竹如笃","古读猪如都"等等通则,便是十几次的归纳。然后把这许多通则贯串综合起来,求出"古读舌上音皆为舌头音"的大通则,便是一层大归纳。经过这层大归纳之后,有了这个大通则,再看这个通则有没有例外。如字书读冲为虫,他便可应用这条大通则,说虫字古时也读如"同"。这是演释。他怕演绎的证法还不能使人心服,故又去寻个体的例,如虫字的"直忠"和"都冬"两切,证明虫字古读如同。这又是归纳了。

这是汉学家研究音韵学的方法。三百年来的音韵学所以能成一种有系统有价值的科学,正因为那些研究音韵的人,自顾炎武直到章太炎都能用这种科学的方法,都能有这种科学的精神。

六

我再举一个训诂学的例。清代讲训诂的方法,到王念孙、王引之父子两人,方才完备。二王以后,俞樾、孙诒让一班人都跳不出他们两人的范围。王氏父子所著的《经传释词》,可算得清代训诂学家所著的最有统系的书,故我举的例也是从这部书里来的。古人注书最讲不通的,就是古书里所用的"虚字"。"虚字"在文法上的作用最大,最重要。古人没有文法学上的名词,一切统称为"虚字"(语词,语助词,等等),已经是很大的缺点了。不料有一些学者竟把这些"虚字"当作"实字"用,如"言"字在《诗经》里常作"而"字或"乃"字解,都是虚字,被毛公、郑玄等解作代名词的"我"字,便更讲不通了。王氏的《经传释词》全用归纳的方法,举出无数的例,分类排比起来,看出相同的性质,然后下一个断案,定他们的文法作用。我要举的例是用在句中或句首的"焉"字。

"焉"字用在句尾,是很平常的用法。例如"殆有甚焉","必有事焉",都作"于此"解,那是很容易的。但是"焉"字又常常用在一句的中间或一句的起首,他的功用等于"于是","乃","则"一类的状词,大概是表时间的关系,有时还带着一点因果的关系。王氏举的例如下:

(1)《礼记·月令》,"命舟牧覆舟,五覆五反,乃告舟备具于天子,天子焉(于是)始乘舟。"

(2)《晋语》,"尽逐群公子,乃立奚齐,焉(于是)始为令于国。"

(3)《墨子·鲁问》,"公输子自鲁南游楚,焉(于是)始为舟战之器。"

(4)《山海经·大荒西经》,"夏后开焉(于是)始得歌九招。"

(5)《祭法》,"坛墠有祷,焉(则)祭之;无祷乃止。"

(6)《三年问》,"故先王焉(乃)为之立中制节。"

(7)又,"焉使倍之,故再期也。"

(8)《大戴礼·王言篇》,"七教修,焉(乃)可以守;三至行,焉(乃)可以征。"

(9)《曾子·制言篇》,"有知,焉(乃)谓之友;无知,焉谓之主。"

(10)《齐语》,"乡有良人,焉(乃)以为军令。"

(11)《吴语》,"吾道路悠远,必无有二命,焉(乃)可以济事。"

(12)《老子》,"信不足,焉(于是)有不信。"

(13)《管子·幼官篇》,"胜无非义者,焉(乃)可以为大胜。"

(14)又《揆度篇》,"民财足则君赋敛焉(乃)不穷。"

(15)《墨子·亲士篇》,"焉(乃)可以长生保国。"

(16)又《兼爱》,"必知乱之所自起,焉(乃)能治之。"

(17)又《非攻》,"汤焉(乃)敢奉率其众以乡有夏之境。"

(18)《庄子·则阳篇》,"君为政,焉(乃)勿卤莽;治民,焉(乃)勿灭裂。"

(19)《荀子·议兵篇》,"若赴水火,入焉(则)焦没耳。"

(20)又,"凡人之动也,为赏庆为之,则见害伤焉(乃)止矣。"

(21)《离骚》,"驰椒邱且焉(于是)止息。"

(22)《九章》,"焉(于是)洋洋而为客","焉(于是)舒情而抽信兮。"

(23)《九辩》,"国有骥而不知乘兮,焉(乃)皇皇而更索。"

(24)《招魂》,"巫阳焉(乃)下招曰。"

(25)《远游》,"焉(乃)逝以徘徊。"

(26)僖十五年《左传》,"晋于是乎作爰田,晋于是乎作州兵。"《晋语》作,"焉作辕田,焉作州兵。"是"焉"与"于是"同义。

(27)《荀子·礼论篇》,"三者偏亡,焉无安人。"《史记·礼书》用此文,焉作则。《老子》,"故贵以身为天下,则可寄天下。"《淮南·道应训》引此,则作焉。是"焉"与"则"同义。

这种方法,先搜集许多同类的例,比较参看,寻出一个大通则来:完全是归纳的方法。但是以我自己的经验看起来,这种方法实行的时候,决不能等到把这些同类的例都收集齐了,然后下一个大断案。当我们寻得几条少数同类的例时,我们心里已起了一种假设的通则。有了这个假设的通则,若再遇着同类的例,便把已有的假设去解释他们,看他能否把所有同类的例都解释的满意。这就是演绎的方法了。演绎的结果,若能充分满意,那个假设的通则便成了一条已证实的定理。这样的办法,由几个(有时只须一两个)同类的例引起一个假设,再求一些同类的例去证明那个假设是否真能成立:这是科学家常用的方法。假设的用处就是能使归纳法实用时格外经济,格外省力。凡是科学上能有所发明的人,一定是富于假设的能力的人。宋儒的格物方法所以没有效果,都因为宋儒既想格物,又想"不役其知"。不役其知就是不用假设,完全用一种被动的态度。那样的用法,决不能有科学的发明。因为不能提出假设的人,严格说来,竟可说是不能使用归纳方法。为什么呢？因为归纳的方法并不是教人观察"凡天下之物"，并不是教人观察乱七八糟的个体事物；归纳法的真义在于教人"举例"，在于使人于乱七八糟的事物里面寻出一些"类似的事物"。当他"举例"时，心里必已有了一种假设。如钱大昕举冲，中，陟，直，赵，竺……等字时，他先已有一种"类"的观念，先有了一种假设。不然，他为什么不举别的整千整万的字呢？又如王氏讲"焉"字的例，他若先没有一点假设，为什么单排出这些句中和句首的"焉"字呢？汉学家的长处就在他们有假设通则的能力。因为有假设的能力，又能处处求证据来证实假设的是非，所以汉学家的训诂学有科学的价值。道光年间有个方东澍做了一部《汉学商兑》，极力攻击汉学家，但他对于高邮王氏的《经义述闻》，也不能不佩服，不能不说"实足令郑、朱俛首，自汉唐以来未有其比。"这可见汉学家的方法精密，就是宋学的死党也不能不心服了。

七

我在上文已举了音韵学和训诂学的例，我现在再举清代校勘学作例。古书被后人抄写刻印，很难免去错抄错刻的弊病。譬如我做了一篇一百字的文章，写好之后，我自己校看一遍，没有错字。这个原稿可叫做"甲"。我的书记重抄一篇，送登《北京大学月刊》。因为"甲"是用草字写的，抄本"乙"误认了一个字，遂抄错了一个字。这篇"乙"稿拿去排印，商务印书馆的排工又排错了一字；这个印本，可叫做"丙"。这三个本子的"可靠性"有如下的比例：

"甲"本，100；"乙"本，99；"丙"本，98.02。

这一个本子，只经过三手，已比原本减少1.98的可靠性了。何况古代的著作，经过了一两千年的传抄翻印，那能保得住没有错误呢。校勘学的发生，只是要救正这种"日读误书"的危险。但是这种校勘的工夫，初看似乎很容易，其实真不容易。譬如上文说的"丙"本，只须寻着我的"甲"本，细细校对一遍，就可校正了。但是这种容易的校勘是不常有的。有些古书并没有原本可用来校对，所有的古本无论怎样古，终究是抄本。有时一部书只有一个传本，并无第二本。校书的人既不可随意乱改古书，又不可穿凿附会，勉强解说（说详本篇第四篇），自不能不用精密的方法，正确的证据，方才能使人心服。清代的校勘学所以能使人心服，正为他用的是科学的方法。

校勘学的方法可分两层说。第一是根据，第二是评判。根据是校勘时用来作比较参考的底本。根据大约有五种：（1）根据最古的本子。例如阮元的《论语注疏校勘记》引据的本子是：汉石经残字、唐石经、宋石经、皇侃《义疏》、高丽本（据陈鳣《论语古训》引的）、十行本（宋刻的，元明修补的）、闽本（明嘉靖时刊）、非监本（明万历时刊）、毛本（明崇祯时刊），共计九种古本。（2）根据古书里引用本书的文句。例如《群书治要》、《太平御览》等书引了许多古书，可以用作参考。又如阮元校勘《论语》"君子耻其言而过其行"一句，先说："皇本，高丽本，而作之；行下有也。"这是前一种的根据。阮元又说："按《潜夫论·交际篇》，孔子疾夫言之过其行者，亦作之字。"这是第二种根据。又如《荀子·天论》，"内外无别，男女淫乱，则父子相疑，上下乖离"，这四项是平等的，不当夹一个"则"字。《韩诗外传》有这一段，没有"则"字；《群书治要》引的，也没有"则"字。故王念孙根据这两书，说"则"字是衍文。（3）根据本书通行的体例。最明显的例是《墨子·小取篇》，"辟也者，举也物而以明之也。"第二个"也"字,初看似乎无意思,故毕沅校《墨子》,便删了这个字。王念孙后来发现"《墨子》书通以也为他"一条通例,故说这个"也"字也是"他"字:"举他物以明此物谓之譬",这就明白了。他的儿子王引之又用这条通例来校《小取篇》"无也故焉"的"也"字也是"他"字;又"无故也焉"一句也应该改正为"无也故焉",那"也"字也是"他"字。后来我校《小取篇》,"是犹谓也者同也,吾岂谓也者异也"两句,也用这条通例来把第一和第三个"也"字都读作"他"字。(4)根据古注和古校本。古校本最重要的莫如陆德明的《经典释文》。古注自汉以来多极了,不能遍举。我且举两个应用的例。《易·系辞传》,"拟之而后言,议之而后动",议字实在讲不通。《释文》云,"陆姚、桓元、荀柔之作仪"。"仪"字作效法解,与"拟"字并列,便讲得通了。《系辞》又有"几者,动之微,吉之先见者也。"我不懂得此处何故单说"吉",不说"吉凶"。后来我读孔颖达《正义》说"诸本或有凶字者,其定本则无也",方才知道唐初的人还见过有"凶"字的本子,可据此校改。后来我读《汉书·楚元王传》,"穆生曰,《易》称知几其神乎;几者,动之微,吉凶之先见者也。"此又可证我的前说。(5)根据古韵。我引王念孙《读书杂志》一段作例:

  《淮南子·原道训》,"是故无所私而无所公,靡滥振荡,与天地鸿洞;无所左而无所右,蟠委错纷,与万物始终。"案始终当作终始。(上文云,"水流而不止,与万物终始。")公洞为韵。右始为韵。(右,古读若"以",说见《唐韵正》。)若作始终,则失其韵矣。

  《俶真训》,"若夫真人则动溶于至虚而游于灭亡之野,骑蜚廉而从敦圄,驰于外方(外方据道藏本;各本作方外),休乎宇内,烛十日而使风雨,臣雷公,役夸父,妾宓妃,妻织女。"案"宇内"当为"内宇"。(内宇犹宇内也,若林中谓之中林,谷中谓之中谷矣。)内宇与外方相对为文。宇与野,圄,雨,父,女为韵,(野,古读若"墅",说见《唐韵正》。)若作"宇内"则失其韵矣。

《说林篇》,"无乡之社,易为黍肉;无国之稷,易为求福。"案"黍肉"当作"肉黍"。后人以肉与福韵相协,故改为"黍肉"。不知福字古读若逼,不与肉为韵也。社黍为韵,(社,古读若"墅"。《说文》,社从示,土声。"甘誓","不用命戮于社",与祖为韵。"郊特牲","而君亲誓社",与赋,旅,伍为韵。《左传》闵二年,成季将生卜辞,"闲于两社",与辅为韵。《管子·揆度篇》,"杀其身以衅其社",与鼓,父,为韵。)稷福为韵。若作黍肉,则失其韵矣。

以上五项是校勘学的根据。但是这几种根据都有容易致误的危险。先说古本。我们所有的"古本",已不知是经过了多少次口授手写的抄本了,其中难保没有错误。近人最崇拜宋版的书,其实宋版也有好坏,未必都可用作根据。次说古书转引本书的文句,也有两大危险。第一,引书的人未必字字依照原文,往往随意增减字句。第二,初引或不误,后来传抄翻印,难免没有错误。次说本书的通例,也许著书的人偶然变例。次说古注与古校本,古校本往往有许多种不同的,究竟应该从那一个校本。古注本也有被后人妄改了的。例如,《老子》二十三章,"信不足焉,有不信焉。"这句本当作"信不足,焉有不信。"(看上文第六节)故王弼注云,"忠信不足于下,焉有不信也。"(此据《永乐大典》本)但今本王注改作"忠信不足于下焉,有不信焉",这便不成话了。最后说古

韵的根据,有时也容易致误。我且引一条最可注意的例:

《易经·剥象传》:"君子得舆,民所载也;小人剥庐,终不可用也。"又《丰象传》,"丰其沛,不可大事也;折其右肱,终不可用也。"这两条的韵很不容易说明。顾炎武作《易音》,竟不懂"用"何以能与"载"、"事"为韵。杨宾实说,两"用"字皆"害"字之误。卢文弨赞成此说,说:"害在十四泰,载在十九代,事在七志,古韵皆得相通。古害字作害,故易与'用'字相混。"这一说,从表面看去,似乎很圆满了。后来王念孙驳他道:"凡《易》言君子小人者,其事皆相反。君子得舆,小人剥庐,亦取相反之义……非谓小人不能害君子也。右肱为人之所用,右肱折则终不可用……折肱则害及肱矣,何言终不可害乎?今案'用'读为'以'。《苍颉篇》,'用,以也。'用与以声近而义同,故用可读为以。犹'集'与'就'声近而义同,故集可读为就;'戎'与'汝'声近而义同,故戎可读为汝也。……《剥象传》以灾,尤,载,用,为韵;《丰象传》以灾,志,事,用,为韵……于古音并属'之'部。……若'害'字则从丰声,丰读若介,于古音属'祭'部……[在诸经中,与害为韵者]凡发,拨,大,达,败,晰,逝,外,未,说,辖,迈,卫,烈,月,揭,竭,世,艾,岁等字,皆属'祭'部。遍考群经《楚辞》,未有与'之'部之灾,尤,载,志,事等字同用者。至于老庄诸子,无不皆然。是害与灾,尤,载,志,事五字,一属'祭'部,一属'之'部,两部绝不相通。"(《经义述闻》卷二)

因为这些根据都容易弄错,故校勘学不能全靠根据。校勘学的重要工夫在于"评判"。校勘两字都是法律的名词,都含有审判的意思;英文"Textual Criticism"译言"本子的评判",我们顾名思义,可知校勘学决不单靠本子或他种的根据,可知校勘重在细心的判断。上文王念孙校一个"用"字,便是评判的工夫。段玉裁有《与诸同志书论校书之难》一篇,说这个道理最明白:

校书之难,非照本改字,不讹不漏之难也,定其是非之难。是非有二:曰底本之是非,曰立说之是非。必先定其底本之是非,而后可断其立说之是非。二者不分,缪粢如治丝,而棼如算之淆乱其法实,而瞀乱乃至不可理。

何谓底本?著书者之稿本是也。何谓立说?著书者所言之义理是也。《周礼·轮人》:"望而视其轮,欲其幎尔而下迆也。"自《唐石经》以下各本皆作"下迆"。唐贾氏作"不迆"。故《疏》曰:"不迆者,谓辐上至毂,两两相当,正直不旁迆,故曰不迆也。"文理甚明。今各本疏文皆作"下迆",("下迆者,谓辐上至毂,两两相当,正直不旁迆,故曰下迆也。")其语绝无文理,则非贾文之底本矣。此由宋人以《疏》合经《注》者,改《疏》之"不"字合经之"下"字,所仍之经非贾氏之经本也。然则经本有二,"下"者是欤?"不"者是欤?

曰,"下"者是也。"望而视其轮",谓视其已成轮之牙。轮圈甚,牙皆向下迆邪,非谓辐与毂正直两两相当也。经下文,"县之以视其辐之直",自谓辐。"规之以视其圈",自谓圈。轮之圈在牙。上文"毂,辐,牙,为三材",此言轮,辐,毂。轮即牙也。然则《唐石经》及各本经作"下",是;贾氏本作"不",非也。而义理之是非得矣。倘有浅人校《疏》文"下迆"之误,改为"不迆",因以《疏》文之"不迆",改经文之"下迆",则"贾疏"之底本得矣,而于义理乃大乖也。(段氏共引五例,今略)……

　故校经之法,必以贾还贾,以孔还孔,以陆还陆,以杜还杜,以郑还郑,各得其底本,而后判其义理之是非,而后经之底本可定,而后经之义理可以徐定。不先正《注》、《疏》、《释文》之底本,则多诬古人。不断其立说之是非,则多误今人。……(《经韵楼集》)

我们看了这种校勘学方法论,不能不佩服清代汉学家的科学精神。浅学的人只觉得汉学家斤斤的争辩一字两字的校勘,以为"支离破碎",毫无趣味。其实汉学家的工夫,无论如何琐碎,却有一点不琐碎的元素,就是那一点科学的精神。

凡成一种科学的学问,必有一个系统,决不是一些零碎堆砌的知识。音韵学自从顾炎武、江永、戴震、钱大昕、段玉裁、王念孙,直到章炳麟、黄侃,研究古音的分部,声音的通转,不但分析更细密了,并且系统条理也更清楚明白了。训诂学用文字假借,声类通转,文法条例,三项作中心,也自成系统。校勘学的头绪纷繁,很不容易寻出一些通则来。但清代的校勘学却真有条理系统,故成一种科学。我们试看王念孙《读〈淮南子〉杂志》的《后序》,说他订正《淮南子》共九百余条,推求"致误之由",可得六十四条通则。这一篇一万二千字的空前长序(《读书杂志》九之二十二)真可算是校勘学的科学方法论。又如俞樾的《古书疑义举例》的五、六、七,三卷也提出许多校勘学的通则,也可算是校勘学的方法论。

八

我想上文举的例很可以使读者懂得清代学者的治学方法了。

他们用的方法,总括起来,只是两点。(1)大胆的假设,(2)小心的求证。假设不大胆,不能有新发明。证据不充足,不能使人信仰。上文举的许多例,大概多偏重求证的一方面。我现在且引清学的宗师戴震论《尚书·尧典》"光被四表"的光字的历史作为最后的一条例,作为我这一篇方法论的总结束。

《尧典》"光被四表,格于上下。"蔡沈解"光"为"显",这是最普通的解法。但是孔安国《传》说,"光,充也。"光字作显解,何等近情近理?为什么古人偏要解作"充"字呢?岂不是舍近而求远吗?但是戴震说:

> 《孔传》"光,充也。"陆德明《释文》无音切。孔冲远《正义》曰,"光,充,《释言》文。"据郭本《尔雅》"桄,颎,充也。"注曰,"皆充盛也"。《释文》曰,"桄,孙作光,古黄反。"用是言之,光之为充,《尔雅》具其义。……虽《孔传》出魏晋间人手,以仆观此字,据依《尔雅》,又密合古人属词之法,非魏晋间人所能,必袭取师师相传旧解,见其奇古有据,遂不敢易尔。后人不用《尔雅》及古注,殆笑《尔雅》迂远,古注胶滞,如光之训充,兹类实繁。余独以谓病在后人不能遍观尽识,轻疑前古,不知而作也。

戴震是不信伪《孔传》的人,但他却要为"光,充也"一句很不近情理的话作辩护士。我们且看他的说法:

> 《尔雅》桄字,六经不见。《说文》"桄,充也。"孙愐《唐韵》"古旷反。"《乐记》,"钟声铿铿以立号,号以立横,横以立武。"郑康成注曰,"横,充也。谓气作充满也。"《释文》曰,"横,古

旷反。"《孔子闲居》篇,"夫民之父母乎,必达于礼乐之原,以致五至而行三无,以横于天下。"郑注曰,"横,充也。"疏家不知其义出《尔雅》。

《尧典》古本必有作"横被四表"者。横被,广被也。正如《记》所云,"横于天下","横于四海"是也。横四表,格上下,对举。……横转写为桄,脱误为光。追原古初,当读"古旷反",庶合充霸广远之义。

这真是大胆的假设。他见郭本《尔雅》的桄字在孙本作光,又见《说文》有"桄,充也"的话,又见《唐韵》读桄为古旷反,而《礼记》的横字既训为充,又读古旷反,——他看了这些事实,忽然看出他们的关系来,遂大胆下一个假设,说《尧典》的光字就是桄字,也就是横字。但是《尚书》的各本明明都作"光"字。戴震于是更大胆的提出一个很近于武断的假设,说"《尧典》古本必有作横被四表者。"这话是乾隆乙亥(1755)年《与王内翰凤喈书》里说的。过了两年(1757)钱大昕和姚鼐各替他寻着一个证据:

证一　《后汉书·冯异传》有"横被四表,昭假上下"。

证二　班固《西都赋》有"横被六合"。

过了七年多(1762),戴震的族弟受堂又替他寻着两个证据:

证三　《汉书·王莽传》,"昔唐尧横被四表"。

证四　王褒《圣主得贤臣颂》,"化溢四表,横被无穷"。

过了许多年,他的弟子洪榜又寻得一证:

证五　《淮南·原道训》,"横四维而含阴阳"。高诱注,"横读桄车之桄"。是汉人横桄通用,甚明。

他的弟子段玉裁又寻得一证:

证六　李善注《魏都赋》,引《东京赋》:"惠风横被。"今本《东京赋》作"惠风广被",后人妄改也。

　　这一个字的考据的故事,很可以表示清代学者做学问的真精神。假使这个光字的古本作横已无法证实了,难道戴震就不敢下那个假设了吗？我可以断定他仍是要提出这个假设的。如果一个假设是站在很充分的理由上面的,即使没有旁证,也不失为一个很好的假设。但他终究只是一个假设,不能成为真理。后来有了充分的旁证,这个假设便升上去变成一个真理了。

　　戴震自己论这个字的考据道：

　　　　述古之难,如此类者,遽数之不能终其物。六书废弃,经学荒谬,二千年以至今。……仆情僻识狭,以谓信古而愚,愈于不知而作。但宜推求,勿为株守。例以光之一字,疑古者在兹。信古者亦在兹。

"但宜推求,勿为株守"八个字是清学的真精神。

　　附记　此篇第一至第六章是民国八年八月作的；第七章是九年春间作的；第八章是十年十一月作的。相隔日久,中间定有不贯串之处。将来有暇时,当细细修正。

十,十一,三

读　书*

"读书"这个题,似乎很平常,也很容易。然而我却觉得这个题目很不好讲。据我所知,"读书"可以有三种说法:

(一)要读何书。关于这个问题,《京报副刊》上已经登了许多时候的"青年必读书";但是这个问题,殊不易解决,因为个人的见解不同,个性不同。各人所选只能代表各人的嗜好,没有多大的标准作用。所以我不讲这一类的问题。

(二)读书的功用。从前有人作"读书乐",说什么"书中自有千钟粟,书中自有黄金屋,书中自有颜如玉",现在我们不说这些话了,要说,读书是求智识,智识就是权力。这些话都是大家会说的,所以我也不必讲。

(三)读书的方法。我今天是要想根据个人所经验,同诸位谈谈读书的方法。我的第一句话是很平常的,就是说,读书有两个要素:

第一要精,

第二要博。

现在先说什么叫"精"。

---

* 原载1925年4月18日《京报副刊》,收入《胡适文存三集》时,作者作了修改。

我们小的时候读书，差不多每个小孩都有一条书签，上面写十个字，这十个字最普遍的就是"读书三到：眼到，口到，心到。"现在这种书签虽不用，三到的读书法却依然存在。不过我以为读书三到是不够的，须有四到，是"眼到，口到，心到，手到"。我就拿它来说一说。

眼到是要个个字认得，不可随便放过。这句话起初看去似乎很容易，其实很不容易。读中国书时，每个字的一笔一画都不放过。近人费许多功夫在校勘学上，都因古人忽略一笔一画而已。读外国书要把 A, B, C, D……等字母弄得清清楚楚。所以说这是很难的。如有人翻译英文，把 port 看作 pork，把 oats 看作 oaks，于是葡萄酒一变而为猪肉，小草变成了大树。说起来这种例子很多，这都是眼睛不精细的结果。书是文字做成的，不肯仔细认字，就不必读书。眼到对于读书的关系很大，一时眼不到，贻害很大，并且眼到能养成好习惯，养成不苟且的人格。

口到是一句一句要念出来。前人说口到是要念到烂熟背得出来。我们现在虽不提倡背书，但有几类的书，仍旧有熟读的必要；如心爱的诗歌，如精彩的文章，熟读多些，于自己的作品上也有良好的影响。读此外的书，虽不须念熟，也要一句一句念出来，中国书如此，外国书更要如此。念书的功用能使我们格外明瞭每一句的构造，句中各部分的关系。往往一遍念不通，要念两遍以上，方才能明白的。读好的小说尚且要如此，何况读关于思想学问的书呢？

心到是每章每句每字意义如何？何以如是？这样用心考究。但是用心不是叫人枯坐冥想，是要靠外面的设备及思想的方法的帮助。要做到这一点，须要有几个条件：

（一）字典，辞典，参考书等等工具要完备。这几样工具虽不能办到,也当到图书馆去看。我个人的意见是奉劝大家,当衣服,卖田地,至少要置备一点好的工具。比如买一本韦氏大字典,胜于请几个先生。这种先生终身跟着你,终身享受不尽。

(二)要做文法上的分析。用文法的知识,作文法上的分析,要懂得文法构造,方才懂得它的意义。

(三)有时要比较参考,有时要融会贯通,方能了解。不可但看字面。一个字往往有许多意义,读者容易上当。例如 turn 这字:

  作外动字解有十五解,

  作内动字解有十三解,

  作名词解有二十六解,

  共五十四解,而成语不算。

又如 Strike:

  作外动字解有三十一解,

  作内动字解有十六解,

  作名词解有十八解,

  共六十五解。

又如 go 字最容易了,然而这个字:

  作内动字解有二十二解,

  作外动字解有三解,

  作名词解有九解,

  共三十四解。

以上是英文字须要加以考究的例。英文字典是完备的;但是某一字在某一句究竟用第几个意义呢?这就非比较上下文,或贯串全篇,不能懂了。

中文较英文更难,现在举几个例:

祭文中第一句"维某年月日"之"维"字,究作何解?字典上说它是虚字。《诗经》里"维"字有二百多,必需细细比较研究,然后知道这个字有种种意义。

又《诗经》之"于"字,"之子于归""凤凰于飞"等句,"于"字究作何解?非仔细考究是不懂的。又"言"字人人知道,但在《诗经》中就发生问题,必须比较,然后知"言"字为联接字。诸如此例甚多。中国古书很难读,古字典又不适用,非是用比较归纳的研究方法,我们如何懂得呢?

总之,读书要会疑,忽略过去,不会有问题,便没有进益。

宋儒张载说:"读书先要会疑。于不疑处有疑,方是进矣。"他又说:"有可疑而不疑者,不曾学。学则须疑。"又说:"学贵心悟,守旧无功。"

宋儒程颐说:"学原于思。"

这样看起来,读书要求心到;不要怕疑难,只怕没有疑难。工具要完备,思想要精密,就不怕疑难了。

现在要说手到。手到就是要劳动劳动你的贵手。读书单靠眼到,口到,心到,还不够的;必须还得自己动动手,才有所得。例如:

(1)标点分段,是要动手的。

(2)翻查字典及参考书,是要动手的。

(3)做读书札记,是要动手的。札记又可分四类:

 (a)抄录备忘。

 (b)作提要,节要。

 (c)自己记录心得。张载说:"心中苟有所开,即便札记。不则还塞之矣。"

 (d)参考诸书,融会贯通,作有系统的著作。

手到的功用。我常说:发表是吸收智识和思想的绝妙方法。吸收进来的知识思想,无论是看书来的,或是听讲来的,都只是模糊零碎,都算不得我们自己的东西。自己必须做一番手脚,或做提要,或做说明,或做讨论自己重新组织过,申叙过,用自己的语言记述过,——那种智识思想方才可算是你自己的了。

我可以举一个例。你也会说"进化",他也会谈"进化",但你对于"进化"这个观念的见解未必是很正确的,未必是很清楚的;也许只是一种"道听途说",也许只是一种时髦的口号。这种知识算不得知识,更算不得是"你的"知识。假使你听了我句话,不服气,今晚回去就去遍翻各种书籍,仔细研究进化论的科学上的根据;假使你翻了几天书之后,发愤动手,把你研究所得写成一篇读书札记;假使你真动手写了这么一篇"我为什么相信进化论?"的札记,列举了

(一)生物学上的证据,

(二)比较解剖学上的证据,

(三)比较胚胎学上的证据,

(四)地质学和古生物学上的证据,

(五)考古学上的证据,

(六)社会学和人类学上的证据。

到这个时候,你所有关于"进化论"的知识,经过了一番组织安排,经过了自己的去取叙述,这时候这些知识方才可算是你自己的了。所以我说,发表是吸收的利器;又可以说,手到是心到的法门。

至于动手标点,动手翻字典,动手查书,都是极要紧的读书秘诀,诸位千万不要轻轻放过。内中自己动手翻书一项尤为要紧。我记得前几年我曾劝顾颉刚先生标点姚际恒的《古今伪书考》。

当初我知道他的生活困难,希望他标点一部书付印,卖几个钱。那部书是很薄的一本,我以为他一两个星期就可以标点完了。那知顾先生一去半年,还不曾交卷。原来他于每条引的书,都去翻查原书,仔细校对,注明出处,注明原书卷第,注明删节之处。他动手半年之后,来对我说,《古今伪书考》不必付印了,他现在要编辑一部疑古的丛书,叫做"辨伪丛刊"。我很赞成他这个计划,让他去动手。他动手了一两年之后,更进步了,又超过那"辨伪丛刊"的计划了,他要自己创作了。他前年以来,对于中国古史,做了许多辨伪的文字;他眼前的成绩早已超过崔述了,更不要说姚际恒了。顾先生将来在中国史学界的贡献一定不可限量,但我们要知道他成功的最大原因是他的手到的工夫勤而且精。我们可以说,没有动手不勤快而能读书的,没有手不到而能成学者的。

第二要讲什么叫"博"。

什么书都要读,就是博。古人说:"开卷有益",我也主张这个意思,所以说读书第一要精,第二要博。我们主张"博"有两个意思:

第一,为预备参考资料计,不可不博。

第二,为做一个有用的人计,不可不博。

第一,为预备参考资料计。

在座的人,大多数是戴眼镜的。诸位为什么要戴眼镜?岂不是因为戴了眼镜,从前看不见的,现在看得见了;从前很小的,现在看得很大了;从前看不分明的,现在看得清楚分明了?王荆公说得最好:

> 世之不见全经久矣。读经而已,则不足以知经。故某自

百家诸子之书,至于《难经》《素问》《本草》诸小说,无所不读;农夫女工,无所不问;然后于经为能知其大体而无疑。盖后世学者与先王之时异矣;不如是,不足以尽圣人故也。……致其知而后读,以有所去取,故异学不能乱也。惟其不能乱,故能有所去取者,所以明吾道而已。(答曾子固)

他说:"致其知而后读。"又说:"读经而已,则不足以知经。"即如《墨子》一书在一百年前,清朝的学者懂得此书还不多。到了近来,有人知道光学,几何学,力学,工程学……等,一看《墨子》,才知道其中有许多部分是必须用这些科学的知识方才能懂的。后来有人知道了论理学,心理学……等,懂得《墨子》更多了。读别种书愈多,《墨子》愈懂得多。

所以我们也说,读一书而已则不足以知一书。多读书,然后可以专读一书。譬如读《诗经》,你若先读了北大出版的《歌谣周刊》,便觉得《诗经》好懂的多了;你若先读过社会学,人类学,你懂得更多了;你若先读过文字学,古音韵学,你懂得更多了;你若读过考古学,比较宗教学等,你懂得的更多了。

你要想读佛家唯识宗的书吗? 最好多读点论理学,心理学,比较宗教学,变态心理学。无论读什么书总要多配几副好眼镜。

你们记的达尔文研究生物进化的故事吗? 达尔文研究生物演变的现状,前后凡三十多年,积了无数材料,想不出一个单简贯串的说明。有一天他无意中读马尔图斯的人口论,忽然大悟生存竞争的原则,于是得着物竞天择的道理,遂成一部破天荒的名著,给后世思想界打开一个新纪元。

所以要博学者,只是要加添参考的材料,要使我们读书时容易得"暗示";遇着疑难时,东一个暗示,西一个暗示,就不至于呆读死书了。这叫做"致其知而后读"。

第二，为做人计。

专工一技一艺的人，只知一样，除此之外，一无所知。这一类的人，影响于社会很少。好有一比，比一根旗竿，只是一根孤拐，孤单可怜。

又有些人广泛博览，而一无所专长，虽可以到处受一班贱人的欢迎，其实也是一种废物。这一类人，也好有一比，比一张很大的薄纸，禁不起风吹雨打。

在社会上，这两种人都是没有什么大影响，为个人计，也很少乐趣。

理想中的学者，既能博大，又能精深。精深的方面，是他的专门学问。博大的方面，是他的旁搜博览。博大要几乎无所不知，精深要几乎惟他独尊，无人能及。他用他的专门学问做中心，次及于直接相关的各种学问，次及于间接相关的各种学问，次及于不很相关的各种学问，以次及毫不相关的各种泛览。这样的学者，也有一比，比埃及的金字三角塔。那金字塔（据最近《东方杂志》，第二十二卷第六号，页一四七）高四百八十英尺，底边各边长七百六十四英尺。塔的最高度代表最精深的专门学问；从此点以次递减，代表那旁收博览的各种相关或不相关的学问。塔底的面积代表博大的范围，精深的造诣，博大的同情心。这样的人，对社会是极有用的人才，对自己也能充分享受人生的趣味。宋儒程颢说的好：

> 须是大其心使开阔：譬如为九层之台，须大做脚始得。

博学正所以"大其心使开阔"。我曾把这番意思编成两句粗浅的

口号,现在拿出来贡献给诸位朋友,作为读书的目标:

为学要如金字塔,
要能广大要能高。

十四,四,廿二夜改稿

治学的方法与材料*

现在有许多人说：治学问全靠有方法；方法最重要，材料却不很重要。有了精密的方法，什么材料都可以有好成绩。粪同溺可以作科学的分析，《西游记》同《封神演义》可以作科学的研究。

这话固然不错。同样的材料，无方法便没有成绩，有方法便有成绩，好方法便有好成绩。例如我家里的电话坏了，我箱子里尽管有大学文凭，架子上尽管有经史百家，也只好束手无法，只好到隔壁人家去借电话，请电话公司派匠人来修理。匠人来了，他并没有高深学问，从没有梦见大学讲堂是什么样子。但他学了修理电话的方法，一动手便知道毛病在何处，再动手便修理好了。我们有博士头衔的人只好站在旁边赞叹感谢。

但我们却不可不知道这上面的说法只有片面的真理。同样的材料，方法不同，成绩也就不同。但同样的方法，用在不同的材料上，成绩也就有绝大的不同。这个道理本很平常，但现在想做学问的青年人似乎不大了解这个极平常而又十分要紧的道理，所以我觉得这个问题有郑重讨论的必要。

---

* 原载1928年11月10日《新月》第1卷第9号，又载1929年1月《小说月报》第20卷第1期。

科学的方法，说来其实很简单，只不过"尊重事实，尊重证据"。在应用上，科学的方法只不过"大胆的假设，小心的求证"。

在历史上，西洋这三百年的自然科学都是这种方法的成绩；中国这三百年的朴学也都是这种方法的结果。顾炎武、阎若璩的方法，同葛利略（Galileo）、牛敦（Newton）的方法是一样的：他们都能把他们的学说建筑在证据之上。戴震、钱大昕的方法，同达尔文（Darwin）、柏司德（Pasteur）的方法也是一样的：他们都能大胆的假设，小心的求证。（参看《胡适文存》初排本卷二，《清代学者的治学方法》，页二〇五一二四六。）

中国这三百年的朴学成立于顾炎武同阎若璩；顾炎武的导师是陈第，阎若璩的先锋是梅鷟。陈第作《毛诗古音考》（1601—1606），注重证据；每个古音有"本证"，有"旁证"；本证是《毛诗》中的证据，旁证是引别种古书来证《毛诗》。如他考"服"字古音"逼"，共举了本证十四条，旁证十条。顾炎武的《诗本音》同《唐韵正》都用同样的方法。《诗本音》于"服"字下举了三十二条证据，《唐韵正》于"服"字下举了一百六十二条证据。

梅鷟是明正德癸酉（1513）举人，著有《古文尚书考异》，处处用证据来证明伪《古文尚书》的娘家。这个方法到了阎若璩的手里，运用更精熟了，搜罗也更丰富了，遂成为《尚书古文疏证》，遂定了伪古文的铁案。有人问阎氏的考证学方法的指要，他回答道：

不越乎"以虚证实，以实证虚"而已。

他举孔子适周之年作例。旧说孔子适周共有四种不同的说法：

（1）昭公七年（《水经注》）

(2)昭公二十年(《史记·孔子世家》)

(3)昭公二十四年(《〈史记〉索隐》)

(4)定公九年(《庄子》)

阎氏根据《曾子问》里说孔子从老聃助葬恰遇日食一条,用算法推得昭公二十四年夏五月乙未朔日食,故断定孔子适周在此年。(《尚书古文疏证》卷八,第一百二十条)

  这都是很精密的科学方法。所以"亭林、百诗之风"造成了三百年的朴学。这三百年的成绩有声韵学,训诂学,校勘学,考证学,金石学,史学,其中最精彩的部分都可以称为"科学的";其间几个最有成绩的人,如钱大昕、戴震、崔述、王念孙、王引之、严可均,都可以称为科学的学者。我们回顾这三百年的中国学术,自然不能不对这班大师表示极大的敬意。

  然而从梅鷟的《古文尚书考异》到顾颉刚的《古史辨》,从陈第的《毛诗古音考》到章炳麟的《文始》,方法虽是科学的,材料却始终是文字的。科学的方法居然能使故纸堆里大放光明,然而故纸的材料终久限死了科学的方法,故这三百年的学术也只不过文字的学术,三百年的光明也只不过故纸堆的火焰而已!

  我们试回头看看西洋学术的历史。

  当梅鷟的《古文尚书考异》成书之日,正哥白尼(Copernicus)的天文革命大著出世(1543)之时。当陈第的《毛诗古音考》成书的第三年(1608),荷兰国里有三个磨镜工匠同时发明了望远镜。再过一年(1609),意大利的葛利略(Galileo)也造出了一座望远镜,他逐渐改良,一年之中,他的镜子便成了欧洲最精的望远镜。他用这镜子发现了木星的卫星,太阳的黑子,金星的光态,月球上的山谷。

  葛利略的时代,简单的显微镜早已出世了。但望远镜发明之后，复合的显微镜也跟着出来。葛利略死(1642)后二三十年，荷兰有一位磨镜的，名叫李文厚(Leeuwenhoek)，天天用他自己做的显微镜看细微的东西。什么东西他都拿来看看，于是他在蒸溜水里发见了微生物，鼻涕里和痰唾里也发见了微生物，阴沟臭水里也发见了微生物。微菌学从此开始了。这个时候(1675)正是顾炎武的《音学五书》成书的时候，阎若璩的《古文尚书疏证》还在著作之中。

从望远镜发见新天象(1609)到显微镜发见微菌(1675)，这五六十年之间，欧洲的科学文明的创造者都出来了。试看下表：

中 国		欧 洲
一六〇六	陈第《古音考》。	
一六〇八		荷兰人发明望远镜。
一六〇九		葛利略的望远镜。
		解白勒(Kepler)发表他的火星研究，宣布行星运行的两条定律。
一六一〇	黄宗羲生。	
一六一三	顾炎武生。	
一六一四		奈皮尔(Napier)的对数表。
一六一九	王夫之生。	解白勒的行星第三律。
一六一八—二一		解白勒的《哥白尼天文学要指》。
一六二三	毛奇龄生。	
一六二五	费密生。	
一六二六		倍根死。
一六二八	用西法修新历。	哈维(Harvey)的《血液运行论》。
一六三〇		葛利略的《天文谈话》。解白勒死。

续表（一）

一六三三		葛利略因天文学受异端审判。
一六三五	颜元生。	
一六三六	阎若璩生。	
一六三七	宋应星的《天工开物》。	笛卡儿(Descartes)的《方法论》，发明解析几何。
一六三八		葛利略的《科学的两新支》。
一六四〇	徐霞客（宏祖）死。	
一六四二		葛利略死，牛敦生。
一六四四		葛利略的弟子佗里杰利(Torricelli)用水银试验空气压力，发明气压计的原理。
一六五五	阎若璩开始作《尚书古文疏证》，积三十余年始成书。	
一六五七	顾炎武注《韵补》。	
一六六〇		英国皇家学会成立。化学家波耳(Boyle)发表他的气体新试验。（波耳氏律）
一六六一		波耳的《怀疑的化学师》。
一六六四	废八股。	
一六六五		牛敦发明微分学。
一六六六	顾炎武的《韵补正》成。	牛敦发明白光的成分。
一六六七	顾炎武的《音学五书》成。	
一六六九	复八股。	
一六七〇	顾炎武初刻《日知录》八卷。	

	续表（二）
一六七五	李文厚用显微镜发见微生物。
一六七六	顾炎武《日知录》自序。
一六八〇	顾炎武《音学五书》后序。
一六八七	牛敦的杰作《自然哲学原理》。

我们看了这一段比较年表，便可以知道中国近世学术和西洋近世学术的划分都在这几十年中定局了。在中国方面，除了宋应星的《天工开物》一部奇书之外，都只是一些纸上的学问；从八股到古音的考证固然是一大进步，然而终久还是纸上的工夫。西洋学术在这几十年中便已走上了自然科学的大路了。顾炎武、阎若璩规定了中国三百年的学术的局面；葛利略、解白勒、波耳、牛敦规定了西洋三百年的学术的局面。

他们的方法是相同的，不过他们的材料完全不同。顾氏、阎氏的材料全是文字的，葛利略一班人的材料全是实物的。文字的材料有限，钻来钻去，总不出这故纸堆的范围；故三百年的中国学术的最大成绩不过是两大部《皇清经解》而已。实物的材料无穷，故用望远镜观天象，而至今还有无穷的天体不曾窥见；用显微镜看微菌，而至今还有无数的微菌不曾寻出。但大行星已添了两座，恒星之数已添到十万万以外了！前几天报上说，有人正在积极实验同火星通信了。我们已知道许多病菌，并且已知道预防的方法了。宇宙之大，三百年中已增加了几十万万倍了；平均的人寿也延长了二十年了。

然而我们的学术界还在烂纸堆里翻我们的筋斗。

不但材料规定了学术的范围，材料并且可以大大地影响方法的本身。文字的材料是死的,故考证学只能跟着材料走,虽然不能不搜求材料,却不能捏造材料。从文字的校勘以至历史的考据,都只能尊重证据,却不能创造证据。

自然科学的材料便不限于搜求现成的材料,还可以创造新的证据。实验的方法便是创造证据的方法。平常的水不会分解成轻[氢]气和养[氧]气;但我们用人功把水分解成轻[氢]气和养[氧]气,以证实水是轻[氢]气和养[氧]气合成的。这便是创造不常有的情境,这便是创造新证据。

纸上的材料只能产生考据的方法;考据的方法只是被动的运动材料。自然科学的材料却可以产生实验的方法;实验便不受现成材料的拘束,可以随意创造平常不可得见的情境,逼拶出新结果来。考证家若没有证据,便无从做考证;史家若没有史料,便没有历史。自然科学家便不然。肉眼看不见的,他可以用望远镜,可以用显微镜。生长在野外的,他可以叫他生长在花房里;生长在夏天的,他可以叫他生在冬天。原来在人身上的,他可以移种在兔身上,狗身上。毕生难遇的,他可以叫他天天出现在眼前;太大了的,他可以缩小;整个的,他可以细细分析;复杂的,他可以化为简单;太少了的,他可以用人功培植增加。

故材料的不同可以使方法本身发生很重要的变化。实验的方法也只是大胆的假设,小心的求证;然而因为材料的性质,实验的科学家便不用坐待证据的出现,也不仅仅寻求证据,他可以根据假设的理论,造出种种条件,把证据逼出来。故实验的方法只是可以自由产生材料的考证方法。

葛利略二十多岁时,在本地的高塔上抛下几种重量不同的物件,看他们同时落地,证明了物体下坠的速率并不依重量为比例,打倒了几千年的谬说。这便是用实验的方法去求证据。他又做了一块板，长十二个爱儿（每个爱儿长约四英尺），板上挖一条阔一寸的槽。他把板的一头垫高，用一个铜球在槽里滚下去，他先记球滚到底的时间，次记球滚到全板四分之一的时间。他证明第一个四分之一的速度最慢，需要全板时间的一半。越滚下去，速度越大。距离的相比等于时间的平方的相比。葛利略这个试验总做了几百次，他试过种种不同的距离，种种不同的斜度，然后断定物体下坠的定律。这便是创造材料，创造证据。平常我们所见物体下坠，一瞬便过了，既没有测量的机会，更没有比较种种距离和种种斜度的机会。葛氏的试验便是用人力造出种种可以测量，可以比较的机会。这便是新力学的基础。

哈维研究血的循环，也是用实验的方法。哈维曾说：

> 我学解剖学同教授解剖学，都不是从书本子来的，是从实际解剖来的；不是从哲学家的学说上来的，是从自然界的条理上来的。（他的《血液运行》自序）

哈维用下等活动物来做实验，观察心房的跳动和血的流行。古人只解剖死动物的动脉，不知死动物的动脉管是空的。哈维试验活动物，故能发现古人所不见的真理。他死后四年（1661），马必吉（Malpighi）用显微镜看见血液运行的真状，哈维的学说遂更无可疑了。

此外，如佗里杰利的试验空气的压力，如牛敦的试验白光的七色，都是实验的方法。牛敦在暗室中放进一点日光，使他通过三棱镜，把光放射在墙上。那一圆点的白光忽然变成了五倍大的带子，白光变成了七色：红，橘红，黄，绿，蓝，靛青，紫。他再用一块三棱镜把第一块三棱镜的光收回去，便仍成圆点的白光。他试验了许多回，又想出一个法子，把七色的光射在一块板上，板上有小孔，只许一种颜色的光通过。板后面再用三棱镜把每一色的光线通过，然后测量每一色光的曲折角度。他这样试验的结果始知白光是曲折力不同的七种光复合成的。他的实验遂发明了光的性质，建立了分光学的基础。

以上随手举的几条例子，都是顾炎武、阎若璩同时人的事，已可以表见材料同方法的关系了。考证的方法好有一比，比现今的法官判案，他坐在堂上静听两造的律师把证据都呈上来了，他提起笔来，宣判道：某一造的证据不充足，败诉了；某一造的证据充足，胜诉了。他的职务只在评判现成的证据，他不能跳出现成的证据之外。实验的方法也有一比，比那侦探小说里的福尔摩斯访案：他必须改装微行，出外探险，造出种种机会来，使罪人不能不呈献真凭实据。他可以不动笔，但他不能不动手动脚，去创造那逼出证据的境地与机会。

结果呢？我们的考证学的方法尽管精密，只因为始终不接近实物的材料，只因为始终不曾走上实验的大路上去，所以我们的三百年最高的成绩终不过几部古书的整理，于人生有何益处？于国家的治乱安危有何裨补？虽然做学问的人不应该用太狭义的实利主义来评判学术的价值，然而学问若完全抛弃了功用的标准，便会走上很荒谬的路上去，变成枉费精力的废物。这三百年的考证学固然有一部分可算是有价值的史料整理，但其中绝大的部分却完全是枉费心思。如讲《周易》而推翻王弼，回到汉人的"方士易"；讲《诗经》而推翻郑樵、朱熹，回到汉人的荒谬诗说；讲《春秋》而回到两汉陋儒的微言大义，——这都是开倒车的学术。

为什么三百年的第一流聪明才智专心致力的结果仍不过是枉费心思的开倒车呢？只因为纸上的材料不但有限，并且在那一个"古"字底下罩着许多浅陋幼稚愚妄的胡说。钻故纸的朋友自己没有学问眼力,却只想寻那"去古未远"的东西,日日"与古为邻",却不知不觉地成了与鬼为邻,而不自知其浅陋愚妄幼稚了!

那班崇拜两汉陋儒方士的汉学家固不足道。那班最有科学精神的大师——顾炎武、戴震、钱大昕、段玉裁、孔广森、王念孙、王引之等——他们的科学成绩也就有限的很。他们最精的是校勘、训诂两种学问,至于他们最用心的声韵之学简直是没有多大成绩可说。如他们费了无数心力去证明古时有"支""脂""之"三部的区别,但他们到如今不能告诉我们这三部究竟有怎样的分别。如顾炎武找了一百六十二条证据来证明"服"字古音"逼",到底还不值得一个广东乡下人的一笑,因为顾炎武始终不知道"逼"字怎样读法。又如三百年的古音学不能决定古代究竟有无入声;段玉裁说古有入声而去声为后起,孔广森说入声是江左后起之音。二百年来,这个问题似乎没有定论。却不知这个问题不解决,则一切古韵的分部都是将错就错。况且依二百年来"对转""通转"之说,几乎古韵无一部不可通他部。如果部部本都可通,那还有什么韵部可说!

三百年的纸上工夫,成绩不过如此,岂不可叹!纸上的材料本只适宜于校勘、训诂一类的纸上工作;稍稍逾越这个范围,便要闹笑话了。

西洋的学者先从自然界的实物下手,造成了科学文明,工业世界,然后用他们的余力,回来整理文字的材料。科学方法是用惯的了。实验的习惯也养成了。所以他们的余力便可以有惊人的成绩。在音韵学的方面,一个格林姆(Grimm)便抵得许多钱大昕、孔广森的成绩。他们研究音韵的转变,文字的材料之外,还要实地考察各国各地的方言,和人身发音的器官。由实地的考察,归纳成种种通则,故能成为有系统的科学。近年一位瑞典学者珂罗倔伦(Bernhard Karlgren)费了几年的工夫研究《切韵》,把二百六部的古音弄的清清楚楚。林语堂先生说:

> 珂先生是《切韵》专家,对中国音韵学的贡献发明,比中外过去的任何音韵学家还重要。(《语丝》第四卷第廿七期)

珂先生的成绩何以能这样大呢?他有西洋的音韵学原理作工具,又很充分地运用方言的材料,用广东方言作底子,用日本的汉音吴音作参证,所以他几年的成绩便可以推倒顾炎武以来三百年的中国学者的纸上工夫。

我们不可以从这里得一点教训吗?

纸上的学问也不是单靠纸上的材料去研究的。单有精密的方法是不够用的。材料可以限死方法,材料也可以帮助方法。三百年的古韵学抵不得一个外国学者运用活方言的实验。几千年的古史传说禁不起三两个学者的批评指摘。然而河南发现了一地的龟甲兽骨,便可以把古代殷商民族的历史建立在实物的基础之上。一个瑞典学者安特森(J. G. Anderson)发见了几处新石器,便可以把中国史前文化拉长几千年,一个法国教士桑德华(Père Licent)发见了一些旧石器,便又可以把中国史前文化拉长几千年。北京地质调查所的学者在北京附近的周口店发见了一个人齿,经了一个解剖学专家步达生(Davidson Black)的考定,认为远古的原人,这又可以把中国的史前文化拉长几万年。向来学者所认为纸上的学问,如今都要跳在故纸堆外去研究了。

所以我们要希望一班有志做学问的青年人及早回头想想。单学得一个方法是不够的;最要紧的关头是你用什么材料。现在一班少年人跟着我们向故纸堆去乱钻,这是最可悲叹的现状。我们希望他们及早回头,多学一点自然科学的知识与技术:那条路是活路,这条故纸的路是死路。三百年的第一流的聪明才智销磨在这故纸堆里,还没有什么好成绩。我们应该换条路走走了。等你们在科学试验室里有了好成绩,然后拿出你们的余力,回来整理我们的国故,那时候,一拳打倒顾亭林,两脚踢翻钱竹汀,有何难哉!

十七年九月

校勘学方法论[*]
——序陈垣先生的《元典章校补释例》[①]

陈援庵先生（垣）在这二十多年之中，搜集了几种很可宝贵的《元典章》抄本；民国十四年故宫发见了元刻本，他和他的门人曾在民国十九年夏天用元刻本对校沈家本刻本，后来又用诸本互校，前后费时半年多，校得沈刻本伪误衍脱颠倒之处凡一万二千余条，写成《元典章校补》六卷，又补阙文三卷，改订表格一卷（民国二十年北京大学研究所国学门刊行）。《校补》刊行之后，援庵先生又从这一万二千多条错误之中，挑出一千多条，各依其所以致误之由，分别类例，写成《元典章校补释例》六卷。我和援庵先生做了几年的邻舍，得读《释例》最早，得益也最多。他知道我爱读他的书，所以要我写一篇《释例》的序。我也因为他这部书是中国校勘学的一部最重要的方法论，所以也不敢推辞。

校勘之学起于文件传写的不易避免错误。文件越古，传写的次数越多，错误的机会也越多。校勘学的任务是要改正这些传写

---

[*] 原载1934年《国学季刊》第4卷第3号。又收入1983年出版的陈垣《元曲章校补释例》。

[①] 《元典章补释例》六卷，新会陈垣著，"中央研究院"历史语言研究所专刊之一，定价二元。

的错误,恢复一个文件的本来面目,或使他和原本相差最微。校勘学的工作有三个主要的成分:一是发见错误,二是改正,三是证明所改不误。

发见错误有主观的,有客观的。我们读一个文件,到不可解之处,或可疑之处,因此认为文字有错误:这是主观的发见错误。因几种"本子"的异同,而发见某种本子有错误:这是客观的。主观的疑难往往可以引起"本子"的搜索与比较;但读者去作者的时代既远,偶然的不解也许是由于后人不能理会作者的原意,而未必真由于传本的错误。况且错误之处未必都可以引起疑难,若必待疑难而后发见错误,而后搜求善本,正误的机会就太少了。况且传写的本子,往往经"通人"整理过;若非重要经籍,往往经人凭己意增删改削,成为文从字顺的本子了。不学的写手的本子的错误是容易发见的,"通人"整理过的传本的错误是不容易发见的。试举一个例子为证。坊间石印《聊斋文集》附有张元所作《柳泉蒲先生墓表》,其中记蒲松龄"卒年八十六"。这是"卒年七十六"之误,有《国朝山左诗钞》所引墓表,及原刻碑文可证。但我们若单读"卒年八十六"之文,而无善本可比较,决不能引起疑难,也决不能发见错误。又《山左诗钞》引这篇墓表,字句多被删节,如云:

[先生]少与同邑李希梅及余从父历友结郢中诗社。

此处无可引起疑难;但清末国学扶轮社铅印本《聊斋文集》载墓表全文,此句乃作:

与同邑李希梅及余从伯父历视友,旋结为郢中诗社。(甲本)

依此文,"历视"为从父之名,"友"为动词,"旋"为"结"之副词,文理也可通。石印本《聊斋文集》即从扶轮社本出来,但此本的编校者熟知《聊斋志异》的掌故,知道"张历友"是当时诗人,故石印本墓表此句改成下式:

　　　　与同邑李希梅及余从伯父历友亲,旋结为郢中诗社。(乙本)

最近我得墓表的拓本,此句原文是:

　　　　与同邑李希梅及余从伯父历友视旋诸先生结为郢中诗社。(丙本)

视旋是张履庆,为张历友(笃庆)之弟,其诗见《山左诗钞》卷四十四。他的诗名不大,人多不知道"视旋"是他的表字;而"视旋"二字出于《周易》履卦"视履考祥,其旋元吉",很少人用这样罕见的表字。甲本校者竟连张历友也不认得,就妄倒"友视"二字,而删"诸先生"三字,是为第一次的整理。乙本校者知识更高了,他认得"张历友",而不认得"视旋",所以他把"视友"二字倒回来,而妄改"视"为"亲",用作动词,是为第二次的整理。此两本文理都可通,虽少有疑难,都可用主观的论断来解决。倘我们终不得见此碑拓本,我们终不能发见甲乙两本的真错误。这个小例子可以说明校勘学的性质。校勘的需要起于发见错误,而错误的发见必须倚靠不同本子的比较。古人称此学为"校雠",刘向《别录》说:"一人读书,校其上下得谬误,为校;一人持本,一人读书,若怨家相对,为雠。"其实单读一个本子,"校其上下",所得谬误是很有限的；必须用不同的本子对勘，"若怨家相对"，一字不放过，然后可以"得谬误"。

改正错误是最难的工作。主观的改定，无论如何工巧，终不能完全服人之心。《大学》开端"在親民"，朱子改"親"为"新"，七百年来，虽有政府功令的主持，终不能塞反对者之口。校勘学所许可的改正，必须是在几个不同的本子之中，选定一个最可靠或最有理的读法。这是审查评判的工作。我所谓"最可靠"的读法，当然是最古底本的读法。如上文所引张元的聊斋墓表，乙本出于甲本，而甲本又出于丙本，丙本为原刻碑文，刻于作文之年，故最可靠。我所谓"最有理"的读法，问题就不能这样简单了。原底本既不可得，或所得原底本仍有某种无心之误，（如韩非说的郢人写书而多写了"举烛"二字，如今日报馆编辑室每日收到的草稿。）或所得本子都有传写之误，或竟无别本可供校勘，——在这种情形之下，改正谬误没有万全的方法。约而言之，最好的方法是排比异同各本，考定其传写的先后，取其最古而又最近理的读法，标明各种异读，并揣测其所以致误的原因。其次是无异本可互勘，或有别本而无法定其传授的次第，不得已而假定一个校者认为最近理的读法，而标明原作某，一作某，今定作某是根据何种理由。如此校改，虽不能必定恢复原文，而保守传本的真相以待后人的论定，也可以无大过了。

改定一个文件的文字，无论如何有理，必须在可能的范围之内提出证实。凡未经证实的改读，都只是假定而已，臆测而已。证实之法，最可靠的是根据最初底本，其次是最古传本，其次是最古引用本文的书。万一这三项都不可得，而本书自有义例可寻，前后互证，往往也可以定其是非，这也可算是一种证实。此外，虽有巧妙可喜的改读，只是校者某人的改读，足备一说，而不足成为定论。例如上文所举张元墓表之两处误字的改正，有原刻碑文为证，这是第一等的证实。又如《道藏》本《淮南内篇·原道训》："是故鞭噬狗，策蹄马，而欲教之，虽伊尹、造父弗能化。欲寅之心亡于中，则饥虎可尾，何况狗马之类乎？"这里"欲寅"各本皆作"欲害"。王念孙校改为"欲宍"。他因为明刘绩本注云"古肉字"，所以推知刘本原作"宍"字，只因草书"害"字与"宍"字相似，世人多见"害"，少见"宍"，故误写为"害"。这是指出所以致误之由，还算不得证实。他又举二证：(1)《吴越春秋·勾践阴谋外传》"断竹续竹，飞土逐宍"，今本宍作害；(2)《论衡·感虚篇》"厨门木象生肉足"，今本《风俗通义》肉作害，害亦宍之误。这都是类推的论证，因《论衡》与《吴越春秋》的"宍"误作"害"，可以类推《淮南书》也可以有同类的误写。类推之法由彼例此，可以推知某种致误的可能，而终不能断定此误必同于彼误。直到顾广圻校得宋本果作"欲宍"，然后王念孙得一古本作证，他的改读就更有力了。因为我们终不能得最初底本，又因为在义理上"欲害"之读并不逊于"欲肉"之读，(《文子·道原篇》作"欲害之心忘乎中")所以这种证实只是第二等的，不能得到十分之见。又如《淮南》同篇："上游于霄雿之野，下出于无垠之门"，王念孙校，"无垠"下有"鄂"字。他举三证：(1)《文选·西京赋》"前后无有垠鄂"的李善注："《淮南子》曰，出于无垠鄂之门。许慎曰，垠鄂，端崖也。"(2)《文选·七命》的李善注同。(3)《太平御览》地部二十："《淮南子》曰，下出乎无垠鄂之门。高诱曰，无垠鄂，无形之貌也。"这种证实，虽不得西汉底本，而可以证明许慎、高诱的底本如此读，这就可算是第一等的证实了。

所以校勘之学无处不靠善本：必须有善本互校，方才可知谬误；必须依据善本，方才可以改正谬误；必须有古本的依据，方才可以证实所改的是非。凡没有古本的依据，而仅仅推测某字与某字"形似而误"，某字"涉上下文而误"的，都是不科学的校勘。以上三步工夫，是中国与西洋校勘学者共同遵守的方法，运用有精有疏，有巧有拙，校勘学的方法终不能跳出这三步工作的范围之外。援庵先生对我说，他这部书是用"土法"的。我对他说：在校勘学上，"土法"和海外新法并没有多大的分别。所不同者，西洋印书术起于十五世纪，比中国晚了六七百年，所以西洋古书的古写本保存的多，有古本可供校勘，是一长。欧洲名著往往译成各国文字，古译本也可供校勘，是二长。欧洲很早就有大学和图书馆，古本的保存比较容易，校书的人借用古本也比较容易，所以校勘之学比较普及，只算是治学的人一种不可少的工具，而不成为一二杰出的人的专门事业。这是三长。在中国则刻印书流行以后，写本多被抛弃了；四方邻国偶有古本的流传，而无古书的古译本；大学与公家藏书又都不发达，私家学者收藏有限，故工具不够用，所以一千年来，够得上科学的校勘学者，不过两三人而已。

中国校勘之学起源很早，而发达很迟。《吕氏春秋》所记"三豕涉河"的故事，已具有校勘学的基本成分。刘向、刘歆父子校书，能用政府所藏各种本互勘，就开校雠学的风气。汉儒训注古书，往往注明异读，是一大进步。《经典释文》广收异本，偏举各家异读，可算是集古校勘学之大成。晚唐以后，刻印的书多了，古书有了定本，一般读书人往往过信刻板书，校勘之学几乎完全消灭了。十二世纪晚期，朱子斤斤争论《程氏遗书》刻本的是非；十三世纪之初，周必大校刻《文苑英华》一千卷，在自序中痛论"以印本易旧书，是非相乱"之失，又略论他校书的方法；彭叔夏作《〈文苑英华〉辨证》十卷，详举他们校雠的方法，清代校勘学者顾广圻称为"校雠之楷模"。彭叔夏在自序中引周必大的话：

> 校书之法，实事是正，多闻阙疑。

他自己也说：

> 叔夏年十二三时，手抄太祖皇帝实录，其间云："兴衰治□之源"，阙一字，意谓必是"治乱"。后得善本，乃作"治忽"。三折肱为良医，信知书不可以意轻改。

这都是最扼要的校勘方法论。所以我们可以说，十二三世纪之间是校勘学的复兴时代。

但后世校书的人，多不能有周必大那样一个退休宰相的势力来"遍求别本"，也没有他那种"实事是正，多闻阙疑"的精神，所以十三世纪以后，校勘学又衰歇了。直到十七世纪方以智、顾炎武诸人起来，方才有考订古书的新风气。三百年中，校勘之学成为考证学的一个重要工具。然而治此学者虽多，其中真能有自觉的方法，把这门学问建筑在一个稳固的基础之上的，也不过寥寥几个人而已。

纵观中国古来的校勘学所以不如西洋，甚至于不如日本，其原因我已说过，都因为刻书太早，古写本保存太少；又因为藏书不公开，又多经劫火，连古刻本都不容易保存。古本太缺乏了，科学的校勘学自不易发达。王念孙、段玉裁用他们过人的天才与功力，其最大成就只是一种推理的校勘学而已。推理之最精者，往往也可以补版本的不足。但校雠的本义在于用本子互勘，离开本子的搜求而费精力于推敲，终不是校勘学的正轨。我们试看日本佛教徒所印的弘教书院的《大藏经》及近年的《大正新修大藏经》的校勘工作，就可以明白推理的校勘不过是校勘学的一个支流，其用力甚勤而所得终甚微细。

陈援庵先生校《元典章》的工作,可以说是中国校勘学的第一伟大工作,也可以说是中国校勘学的第一次走上科学的路。前乎此者,只有周必大、彭叔夏的校勘《文苑英华》差可比儗。我要指出援庵先生的《元典章校补》及《释例》有可以永久作校勘学的模范者三事:第一,他先搜求善本,最后得了元刻本,然后用元人的刻本来校元人的书;他拼得用极笨的死工夫,所以能有绝大的成绩。第二,他先用最古刻本对校,标出了所有的异文,然后用诸本互校,广求证据,定其是非,使我们得一个最好的,最近于祖本的定本。第三,他先求得了古本的根据,然后推求今本所以致误之由,作为"误例"四十二条,所以他的"例"都是已证实的通例:是校后归纳所得的说明,不是校前所假定的依据。此三事都足以前无古人,而下开来者,故我分开详说如下:

第一,援庵先生是依据同时代的刻本的校勘,所以是科学的校勘,而不是推理的校勘。沈刻《元典章》的底本,乃是间接的传抄本,沈家本跋原抄本说,"此本纸色分新旧:旧者每半页十五行,当是影抄元刻本;新者每半页十行,当是补抄者,盖别一本。"但他在跋尾又说:"吾友董绶金赴日本,见是书,据称从武林丁氏假抄者。"若是从丁氏假抄的,如何可说是"影抄元刻本"呢?这样一部大书,底本既是间接又间接的了,其中又往往有整几十页的阙文,校勘的工作必须从搜求古本入手。援庵先生在这许多年中,先后得见此书的各种本子,连沈刻共有六本。我依他的记载,参以沈家本原跋,作成此书底本源流表:

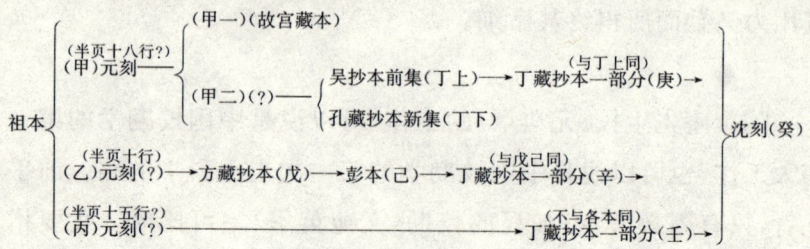

援庵先生的校补,全用故宫元刻本(甲一)作根据,用孔本(丁下)补其所阙祭祀门,又用各本互校,以补这两本的不足。因为他用一个最初的元刻本来校一部元朝的书,所以能校得一万二千条的错误,又能补得阙文一百零二页之多!试用这样伟大的成绩,比较他二十年前"无他本可校"时所"确知为伪误者若干条",其成绩的悬绝何止百倍?他在本书第四十三章里,称此法为"对校法",他很谦逊的说:

  此法最简便,最稳当,纯属机械法;其主旨在校异同,不校是非,故其短处在不负责任:虽祖本或别本有讹,亦照式录之。而其长处则在不参己见;得此校本,可知祖本或别本之本来面目。故凡校一书,均须先用对校法,然后再用其他校法。

他又指出这个法子的两大功用:

  一、有非对校不知其误者,以其表面上无误可疑也。
例如:
  元关本钱二十定　元刻作　二千定
  大德三年三月　元刻作　五月
  二、有知其误,非对校无以知为何误者。例如:

> 每月五十五日　元刻作　每五月十五日。

此外，这个对校法还有许多功用，如阙文，如错简，如倒页，如不经见的人名地名或不经见的古字俗字，均非对校无从猜想。故用善本对校是校勘学的灵魂，是校勘学的唯一途径。向来学者无力求善本，又往往不屑作此种"机械"的笨工作，所以校勘学至今不曾走上科学的轨道。援庵先生和他的几位朋友费了八十日的苦工，从那机械的对校里得着空前的大收获，使人知道校书"必须先用对校法"，这是他奠定新校勘学的第一大功。

第二，他用无数最具体的例子来教我们一个校勘学的根本方法，就是：先求得底本的异同，然后考定其是非。是非是异文的是非，没有异文，那有是非？向来中国校勘学者，往往先举改读之文，次推想其致误之由，最后始举古本或古书引文为证。这是不很忠实的记载，并且可以迷误后学。其实真正校书的人往往是先见古书的异文，然后定其是非；他们偏要倒果为因，先列己说，然后引古本异文为证，好像是先有了巧妙的猜测，而忽得古本作印证似的！所以初学的人，看惯了这样的推理，也就以为校勘之事是应该先去猜想而后去求印证的了！所以我们可以说，古来许多校勘学者的著作，其最高者如王念孙、王引之的，也只是教人推理的法门，而不是校书的正轨；其下焉者，只能引学者走上舍版本而空谈校勘的迷途而已。校勘学的不发达，这种迷误至少要负一部分的责任。援庵先生的《校补》，完全不用这种方法，他只根据最古本，正其误，补其阙；其元刻误而沈刻不误者，一概不校；其有是非不易决定者，姑仍其旧。他的目的在于恢复这书的元刻本来面目，而不在于炫示他的推理的精巧。至于如何定其是非，那是无从说起的。他的一部《释例》，只是对我们说：要懂得元朝的书，必须多懂得元朝的特殊的制度,习俗,语言,文字。这就是说:要懂得一个时代的书,必须多懂得那个时代的制度,习俗,语言,文字。那是个人的学问知识的问题,不是校勘学本身的问题。校勘的工作只是严密的依据古本,充分的用我们所用的知识学问来决定那些偶有疑问的异文的是非,要使校定的新本子至少可以比得上原来的本子,甚至于比原来的刻本还更好一点。如此而已!援庵先生的工作,不但使我们得见《元典章》的元刻的本来面目,还参酌各本,用他的渊博的元史知识,使我们得着一部比元刻本更完好的《元典章》。这是新校勘学的第一大贡献。

第三,援庵先生的四十二条"例",也是新校勘学的工具,而不是旧校勘学的校例。校勘学的"例"只是最普通的致误之由。校书所以能有通例,是因为文件的误写都由写人的无心之误,或有心之误;无心之误起于感官(尤其是视官)的错觉;有心之误起于有意改善一个本子而学识不够,就以不误为误。这都是心理的现象,都可以有心理的普通解释,所以往往可以归纳成一些普通致误的原因,如"形似而误","涉上文而误","两字误为一字","一字误分作两字","误收旁注文"等等。彭叔夏作《〈文苑英华〉辨证》,已开校例之端。王念孙《读淮南内篇》的第二十二卷,是他的自序,"推其致误之由",列举普通误例四十四条,又因误而失韵之例十八条,逐条引《淮南子》的误文作例子。后来俞樾作《古书疑义举例》,其末三卷里也有三十多条校勘的误例,逐条引古书的误文作例子。俞樾在校勘学上的成绩本来不很高明,所以他的"误例"颇有些是靠不住的,而他举的例子也往往是很不可靠的。例如他的第一条"两字义同而衍例",就不成一条通例,因为写者偶收旁注同义之字,因而误衍,或者有之;而无故误衍同义之字,是很少见的。他举的例子,如硬删《周易》履六三"跛能履,不足以与行也"的"以"字；如硬删《左传》隐元年"有文在其手曰为鲁夫人"的"曰"字；如硬删老子六十八章"是谓配天古之极"的"天"字，都毫无底本的根据，硬断为"两字义同而衍"，都是臆改古书，不足为校勘学的误例。王念孙的六十多条"误例"，比俞樾的高明多了。他先校正了《淮南子》九百余条，然后从他们归纳出六十几条通例，故大体上都还站得住。但王念孙的误例，分类太细碎，是一可议；《淮南》是古书，古本太少，王氏所校颇多推理的校勘，而不全有古书引文的依据，是二可议；论字则草书隶书篆文杂用，论韵则所谓"古韵部"本不是严格的依据，是三可议。校勘的依据太薄弱了，归纳出来的"误例"也就不能完全得人的信仰。

所谓"误例"，不过是指出一些容易致误的路子，可以帮助解释某字何以误成某字，而绝对不够证明某字必须改作某字。前人校书，往往引一个同类的例子，称为"例证"，是大错误。俞樾自序《古书疑义举例》，说："使童蒙之子习知其例，有所据依，或亦读书之一助乎？"这正是旧日校勘家的大病。例不是证，不够用作"据依"。而浅人校书随意改字，全无版本的根据，开口即是"形似而误"，"声近而误"，"涉上文而误"，好像这些通常误例就可证实他们的臆改似的！中国校勘学所以不上轨道，多由于校勘学者不明"例"的性质，误认一个个体的事例为有普遍必然性的律例，所以他们不肯去搜求版本的真依据，而仅仅会滥用"误例"的假依据。

援庵先生的《释例》所以超越前人，约有四端：第一，他的校改是依据最古刻本的，误是真误，故他的"误例"是已证实了的误例。第二，他是用最古本校书，而不是用"误例"校书；他的"误例"是用来"疏释"已校改的谬误的。第三，他明明白白的说他的校法只有四个，此外别无用何种"误例"来校书的懒法子。第四，他明说这些"误例"不过是用来指示"一代语言特例，并古籍窜乱通弊"。他所举的古书窜乱通弊不过那最普通的七条（十二至十八），而全书的绝大部分，自第十九例以下，全是元代语言特例，最可以提醒我们，使我们深刻的了解一代有一代的语言习惯，不可凭藉私见浅识来妄解或妄改古书。他这部书的教训，依我看来，只是要我们明白校勘学的最可靠的依据全在最古的底本；凡版本不能完全解决的疑难，只有最渊博的史识可以帮助解决。书中论"他校法"一条所举"纳失失"及"竹忽"两例是最可以供我们玩味的。

  我们庆贺援庵先生校补《元典章》的大工作的完成，因为我们承认他这件工作是"土法"校书的最大成功，也就是新的中国校勘学的最大成功。

二十三，十，八

考证学方法之来历[*]

我觉得很抱歉,辅仁大学的许多朋友几次要我来说几句话,可是一年以来,在外面跑了半年,很少时间,直到今天,才得和诸位见面。今天是应辅仁大学国文系之约来的,想到的《考证学方法之来历》这个题目,是和国文系有关系的,而与别的同学也有直接的或间接的关系。因为近几年来,研究考证学方法来历的渐渐多了,而中国近三百年的学问和思想,很受考证学的影响。

考一物,立一说,究一字,全要有证据。就是考证,也可以说是证据,必须有证据,然后才可以相信。

近三百年始有科学的、精密的、细致的考证,必有所原,许多人以为是十七世纪西洋天主教、耶稣会教士带到中国来的,如梁任公先生就是这样主张着。

在一六〇〇年左右,利玛窦来到中国。继之若干年,经明至清朝康熙、雍正年间,有许多有名的学者到中国来,他们的人格学问,全是很感动人的;并且介绍了西方的算学、天文学等十六世纪十七世纪的西洋科学。恐怕中国的思想界、学术界受到他们的

---

[*] 这是胡适 1934 年 1 月 11 日在北京辅仁大学国文系的讲演词,由路絮笔记,载 1934 年 1 月 12 至 13 日北平《华北日报》。

影响。

中国考证学家、清代考证学开山祖师顾亭林和阎若璩，全生于利玛窦来华以后；顾亭林生于一六一三年；阎生于一六三六年。利玛窦则是一五八一或八二年来华的。顾亭林考证古音，他的方法极其精密。例如"服"字，古音不读"服"音，而读"笔"音，他为了考证这一字，立这一说，举出一百六十二个证据来证实。在他的著书里，立一说，必要证据，许多字的考证都是这样。阎若璩考证古文《尚书》，也是这样。《尚书》有两种：西汉时候的今文《尚书》，有二十八篇；到了晋代，又出了一种古文《尚书》，有五十三篇，于前一种的二十八篇之外，又增加了二十五篇，文字好，易了解，谈政治、道德，很有点哲学味，内容丰富。因为它是用古文字写的，所以称做"古文《尚书》"。当时有人不相信，渐渐的也就相信了。至唐代以后，古文《尚书》成为正统，没有疑心它是假的了。到了清代，阎若璩著《〈尚书〉古文述证》，把假的那些篇，一篇一句，都考出它的娘家，打倒了古文《尚书》。

清代的学术，是训诂、考据和音韵。顾亭林考证音韵，研究训诂；阎若璩考证古书真伪。他们两人全是十七世纪的人，在利玛窦来华以后，这样看来，岂不是西洋的科学影响了中国的考证学了吗？

另一个证据，西洋学带来了算学、天文等，曾[传]动一时。那时候，自己知道中国历法不够用，常常发生错误，推算日蚀和月蚀也不准确。当时的天文学有三派：一派是政府的钦天监；一派是回教的回回历；一派是中国私人魏氏历法。西洋于十六世纪后改用新历，是最新、最高、最进步的了，带到中国之后，又有了这个第四派。中国政府不能评定哪一种历法准确，就想了一个法子，每一种都给他一个观象台，让他们测算日蚀，从何年何[月]何日何时开始,至何时退蚀,来考究他们。因为历法和日常生活很有关系,全中国都注意这一回事。二十年的长时间考证的结果,处处是西洋方法占胜利。并且,因为日蚀推算,如果阴雨,就不能看出来了,所以同时测算四川成都、陕西西安、山东济南和北京四个地方,清政府派人到四个地方视察报告,当然不会四个地方都遇上阴雨,结果,别几种都差得很远,而耶稣会教士的新科学方法占了胜利。明代崇祯末年,政府颁布使用新法,而这一年,明朝就亡了。清代继续采用,直到一九一二年,民国改元之后,用了新历,而方法还是一样的。清代的考据家,没有不曾研究过算学的,如戴东原,就是一位算学家。有清一代的考证学,就是在西洋算学影响之下[发展起来的]。算学方法,就是要有证据。

我[个]人是怀疑这种说法的。对于当时的西洋学者的人格、学问,我都很钦佩,他们也留下深刻的影响。前读中国的徐光启的三卷信札,更增加了钦佩之意。中国许多革新人物,全受过他们的影响。但是,要说考证学的方法是由天主教、耶稣会教士带来的,到今日为止,还没有充分的[证]据。前面说过的证明,还不能承认。今天所讲的,就是要特别提出个人的见解,以就正大家,请对于我们怀疑的加以怀疑,或者更有新的收获。

前面所说的影响,很少可以承认的,顾亭林就不是算学家;阎若璩也是到了晚年算《春秋》、《左传》、《汉书》中的纪年和日蚀,才开始学算学的,所以不能受它的影响,而且是已经做了考证学家才学算学的。如王念孙也不是算学家,至少,不是受他的影响。我们只能承认算学影响历法,影响思想,而和考据学没有关系。在西洋,天文学、算学、物理学全很早就发达了,而西洋的历史、文学的考据,到十九世纪才发达,假如天文、算学等能够影响考据,一定会很早就产生了,而西洋竟是很晚的,所以它并不能够影响人怀疑和找证据。至于宗教家所提倡的是使人信,不是使人怀疑。

以时代关系来证明,是错误的。清代两考证学大师,顾亭林有他的来历与师承,阎若璩亦有他的来历与师承。

在音韵方面,顾亭林的方法是:立一说,证一字,必要有证据。证据有两种,本证和旁证。如同证《诗经》字韵的古音,从《诗经》中找证据,曰本证;从《老子》、《易经》、《淮[南]子》、《管子》、《楚辞》等书里的韵来证《诗经》,曰旁证。这种方法,在顾之前,有福建人陈第,作过一本《〈毛诗〉古音考》,就用了这种方法,是顾亭林的本师。《〈毛诗〉古音考》著于一六〇四年,出版于一六〇六年。利玛窦虽已来华,而北来第一次是一五九六年,第二次是一六〇二年,短时期受到影响,是不可能的。顾得自陈,毫无问题。而在陈第之前,还有焦循,在一五八〇年就考证过《毛诗》古音。再推上去,可到宋代。十二世纪,朱熹就是一位考证家。

再一个证据就是,阎若璩考证《尚书》,他的先师也来历明白。梅鷟,生死年月不[可]考了,他是一五一三年的举人,他作过一部《〈古文尚书〉考义》,用的方法和阎的一样,一一找出伪造的娘家。那个时候,还没有利玛窦。百年之后,书籍与方法更完备了。在梅鷟之前,可以推上去到元代。吴澄,他死在一三三三年,已经把《尚书》今文和古文分开,述其真假。更上可推至宋代的朱熹、吴棫,他们已经疑惑古文《尚书》和今文《尚书》的不同。到了吴澄,就不客气的一一指出了假造的各篇的来历,是东抄西借、杂缀而成的。北宋的欧阳修、王安石、苏东坡,亦曾怀疑而研究之。在唐朝韩愈和柳宗元的文章中,亦提出考证。《论语》一书,经柳宗元的考证,知道是孔子的弟子的弟子所记,那是以常识作证据的。

总之,这种考证方法不用来自西洋,实系地道的国货。三百年来的考证学,可以追溯[到]宋,说是西洋天主教耶稣会教士的影响,不能相信。我的说法是:由宋渐渐的演变进步,到了十六七世纪,有了天才出现,学问发达,书籍便利,考证学就特别发达了,它的来历可以推到十二世纪。

现在时间还有一点,让我说一点别的。

考证的方法是:立一说,必有证据。为什么到了宋代朱熹时候才发达呢？这是很值得研究的,这也是一种考据。方才说过,考证学不来自西洋,是国货。可是它是怎样来的呢？

中国历史经过长的黑暗时期,学问很乱,没有创造,没有精密的方法。汉代是做古书的注解,唐代是做注解的注解。文学方面有天才,学术方面则没有。并且,这种方法在古代是不易的,那时候没有刻版书,须一一抄写。书籍是一卷一卷的,有的长至四五十尺,读后忘前,没有法子校勘。写本又常各不相同,没有一定的标准本。唐代有了刻版书,到了宋代才发达,如同《书经》,有国子监的官版本。有了标准本后,才能够校勘其他的刻本和抄本,这必须书籍方便才可以,毫无问题。

十一世纪,北宋后期,程颐、程颢提出"格物致知"来。一部一千七百五十字的《大学》,是有很大关系的书,几百年来,受着它的约束。程氏兄弟发现了一千七百五十字里有五个字最重要,就是"致知在格物"。《大学》中,每一句话都有说明,惟独这五个字没有。什么是"格物",没有人知道。当时有五六十种"格物说",有解"格"为一个一个的格子的,有解"格"为"格斗"的。程氏兄弟提出重要的解释:格是到的意思,格物就是到物,所以说"格物即物,而穷其理"。今天格一物,明天格一事,然后才可以致知。至于物的范围,由一身之中至天地之高大,万物之所以然,均在其内。这是当时的"格物说"。有了中国的科学理想与目标,而没有科学方法,无从着手。中国从来的学术是:(一)人事的,没有物理与自然的解释;(二)文字上的解释,而无物据。所以有理想,不能有所发展。如王阳明和一个姓钱的研究格物,[钱氏]对着一根柱子坐了三天,毫无所获;王阳明自己对坐了七天,也是一样,于是很幽默地说,圣贤是做不成了,因为没有那么大的气力来格物了。这个笑话可以证明当时有科学目标与理想,而没有方法。这完全不同于西洋。从埃及、希腊,就和自然界接触。亚里斯多德于研究论理之外,自己采集动植物的标本做解剖实验;而孔夫子不过是读《诗》而知鸟名罢了。中国没有这样的背景,仅能像王阳明对柱而坐了。

程子、朱子感到这种格物办不通,就缩小了物的范围,由无所不包缩小到三件事:(一)读书穷理;(二)上论古人;(三)对人接物。朱子以后,就丢弃了大规模的格物,而缩小读书穷理也仅是读古经书了,所以士大夫就拿格物方法来研究古书了。

至于程、朱格物的背景,我想,那时候没有自然科学,大概是由于科学时代,于做文章之外,还须研究"判"。考试的时候,拿几种案件:甲如何、乙如何、丙又如何,由士子判断是非,这样,必须多少有法律的训练。《程明道行状》中记载着,他做县尉的时候,有听讼的训练,有今日的法官、律师、侦探的天才,从刑名之学得到找证据的方法。考、据、证、例、比等等,全为法律上的名词,这方面的训练,在朱熹亦是有的。

朱熹亦是一个考据家,他三十岁的时候,校勘了一册《语录》,用三种抄本和一种刻本,他发现刻本中多了百余条,其中五十多条是假的,就删去了。到他三十八岁的时候,找到了证据,就写了一篇跋,说明他的删掉的理由。他的注书也极审慎。他主张研究古书须学法家的深刻,才能穷究得进。他自己说,他的长处没有别的,就是肯用功。考证也是用法律方法,研究了一件,再研究一件。不曾精细研究一本书,而牵引了许多别的,是一件错误。

他还有许多故事,可以证明他是受了法律的影响。[他]做福建同安县主簿,知漳州,处理案件,是和考证一样的。

简括起来说,中国古代没有自然科学的环境,士大夫与外边无由接近,幸有刑名之学,与法律相近。[研究]科学时考"判",做官时判案,尤须人证物证。拿这种判案方法应用在判别古书真伪、旧说是非,加以格物致知之哲学影响,而为三百年来考证学之来历,故纯为国货。考证学不会来自西洋的。将来有研究天主教耶稣会教士东来的历史专家提出新证据,我当再来辅仁大学取消我今天的话。

天主教研究神学,有一很好的习惯,就是凡立一新说,必推一反对论者与之驳辩,此反对论者称做"魔鬼的辩护师"。今天,我就做了一次"魔鬼的辩护师"。

考据学的责任与方法[*]

历史的考据是用证据来考定过去的史事。史学家用证据考定事实的有无、真伪、是非,与侦探访案,法官断狱,责任的严重相同,方法的谨严也应该相同。这一点,古人也曾见到。朱子曾说:"看文字须如法官深刻,方穷究得尽。"朱子少年举进士,曾做四年同安县主簿,他常常用判断狱讼的事来比喻读书穷理。例如他说:

> 向来熹在某处,有讼田者,契数十本,中间一段作伪,自崇宁、政和间,至今不决。将正契及公案藏匿,皆不可考。熹只索四畔众契,比验前后所断,情伪更不能逃者。穷理亦只是如此。

他又说:

---

[*] 本文作于1946年10月6日,原载1946年10月16日上海《大公报·文史》周刊第1期;又载1961年3月台北《民主潮》第11卷第6期,胡适在文后新增汪辉祖的"据供定罪,尚恐未真"的实例作为附注,另有简短说明。今据后者整理。

> 学者观书……大概病在执着，不肯放下。正如听讼，先有主张乙底意思，便只寻甲底不是；先有主张甲底意思，便只见乙底不是。不若姑置甲乙之说，徐徐观之，方能辨其曲直。

在朱子的时代，有一位有名的考据学者，同时也是有名的判断疑狱的好手，他就是《云谷杂记》的作者张淏，字清源。《云谷杂记》有杨楫的一篇《跋》，其中说：

> 嘉定庚午（1210，朱子死后十年），予假守龙舒，始识张君清源……其于书传间辩正讹谬，旁证远引，博而且确。……会旁郡有讼析资者，几二十年不决。部使者下之郡，予因以属之。清源一阅文牍，曰："得之矣。"即呼二人叩之。甲曰："绍兴十三年，从兄尝鬻祖产，得银帛楮券若干，悉辇而商，且书约，期他日复置如初。兄后以其资买田于淮，不复归。今兄虽亡，元约固存，于法当析。"乙曰："父存而叔未尝及此，父死之后，忽称为约，实为不可。"清源呼甲至，谓之曰："按国史，绍兴三十年后方用楮币，不应十三年汝家已预有若干。汝约伪矣。"甲不能对，其讼遂决。

杨楫《跋》中又记张淏判决的另一案：

> 又有讼田者，余五十年，屡置对而不得其理。清源验其券，乃政和五年龙舒民与陶龙图者为市，因讯之曰："此呼龙图者为何人？"曰："祖父也。"清源曰："政和三年五甲登第，于法不过簿尉耳，不应越二年已呼龙图。此券绍兴间伪为以诬人，尚何言哉？"其人遂俯伏，众皆骇叹。

朱子的话和杨楫的《跋》都可以表示十二、三世纪的中国学术界里颇有人把考证书传讹谬和判断疑难狱讼看作同一样的本领，同样的用证据来断定了一件过去的事实的是非真伪。

唐宋的进士登第后，大多数分发到各县去做主簿、县尉，使他们都可得着判断狱讼的训练。程子、朱子都在登进士第后作过主簿。聪明的人，心思细密的人，往往可以从这种簿书狱讼的经验里得着读书治学的方法，也往往可以用读书治学的经验来帮助听讼折狱。因为这两种工作都得用证据来判断事情。

读书穷理方法论是小程子[程颐]建立的，是朱子极力提倡的。小程子虽然没有中进士，不曾有过听讼折狱的经验，然而他写他父亲程珦的《家传》，哥哥程颢的《行状》，和"家世旧事"，都特别记载他家两代判断疑狱的故事。他记大程子在鄠县主簿任内判决窨钱一案，方法与张淏判的楮币案相同；又记载大程子宰晋城时判决冒充父亲一案，方法与张淏判的陶龙图案相同。读书穷理的哲学出于善断疑狱的程氏家庭，似乎不是偶然的。

中国考证学的风气的发生，远在实验科学发达之前。我常推想，两汉以下文人出身做亲民之官，必须料理民间诉讼，这种听讼折狱的经验是养成考证方法的最好训练。试看考证学者常用的名词，如"证据"、"左证"、"左验"、"勘验"、"推勘"、"比勘"、"质证"、"断案"、"案验"，都是法官听讼常用的名词，都可以指示考证学与刑名讼狱的历史关系。所以我相信文人审判狱讼的经验大概是考证学的一个比较最重要的来源。

无论这般历史渊源是否正确，我相信考证学在今日还应该充分参考法庭判案的证据法。狱讼最关系人民的财产生命，故向来读书人都很看重这种责任。如朱子说的：

> 天下事最大而不可轻者,无过于兵、刑。……狱讼面前分晓事易看。其情伪难通,或旁无左证,各执两说,系人性命处,须吃紧思量,或犹有误也。

我读完乾隆、嘉庆时期有名的法律家汪辉祖的《遗书》,看他一生办理诉讼,真能存十分谨慎的态度。他说:"办案之法,不惟入罪宜慎,即出罪亦宜慎。"他一生做幕做官,都尽力做到这"慎"字。

但是文人做历史考据,往往没有这种谨慎的态度,往往不肯把是非真伪的考证看作朱子说的"系人性命处,须吃紧思量"。因为文人看轻考据的责任,所以他们往往不能严格的审查证据,也往往不能谨慎的运用证据。证据不经过严格的审查,则证据往往够不上作证据。证据不能谨慎的使用,则结论往往和证据不相干。这种考据,尽管堆上百十条所谓"证据",只是全无价值的考据。

近百年中,号称考证学风气流行的时代,文人轻谈考据,不存谨慎的态度,往往轻用考证的工具,造成诬枉古人的流言。有人说,戴东原偷窃赵东潜的《〈水经注〉释》。又有人说,戴东原偷窃全谢山的校本。有人说,马国翰的《玉函山房辑佚书》是偷窃章宗源的原稿。又有人说,严可均《全上古三代秦汉三国两晋六朝文》是攘夺孙星衍的原稿。

说某人作贼,是一件很严重的刑事诉讼。为什么这些文人会这样轻率的对于已死不能答辩的古人提出这样严重的控诉呢?我想来想去,只有一个答案:根本原因在于中国考证学还缺乏自觉的任务与自觉的方法。任务不自觉,所以考证学者不感觉他考订史实是一件最严重的任务,是为千秋百世考定历史是非真伪的大责任。方法不自觉,所以考证学者不能发觉自己的错误,也不能评判自己的错误。

做考证的人,至少要明白他的任务有法官断狱同样的严重,他的方法也必须有法官断狱同样的谨严,同样的审慎。

近代国家"证据法"的发达,大致都是由于允许两造辩护人各有权可以驳斥对方提出的证据。因为有对方的驳斥,故假证据与不相干的证据都不容易成立。

考证学者闭门做历史考据,没有一个对方辩护人站在面前驳斥他提出的证据,所以他往往不肯严格的审查他的证据是否可靠,也往往不肯谨慎的考问他的证据是否关切,是否相干。考证方法所以远不如法官判案的谨严,主要原因正在缺乏一个自觉的驳斥自己的标准。

所以我提议:凡做考证的人,必须建立两个驳问自己的标准:第一要问,我提出的证人证物本身可靠吗?这个证人有作证的资格吗?这件证物本身没有问题吗?第二要问,我提出这个证据的目的是要证明本题的哪一点?这个证据足够证明哪一点吗?

第一个驳问是要审查某种证据的真实性。第二个驳问是要扣紧证据对本题的相干性。

我试举一例。这一百年来,控诉戴东原偷窃赵东潜《水经注》校本的许多考证学者,从张穆、魏源到我们平日敬爱的王国维、孟森,总爱提出戴东原"背师"的罪状,作为一个证据。例如魏源说:

> 戴为婺源江永门人,凡六书、三礼、九数之学,无一不受诸江氏。及戴名既盛,凡己书中称引师说,但称为同里老儒江慎修,而不称师说,亦不称先生。

又如王国维说：

> 其（东原）平生学说出于江慎修。……其于江氏亦未尝笃"在三"之谊，但呼之曰婺源老儒江慎修而已。

我曾遍检现存的戴东原遗著（微波榭刻本与《安徽丛书》本），见他每次引江慎修的话，必称江先生。计有：

《经考》引江说五次，四次称江慎斋[修]先生，一次称江先生。
《经考》附录引一次，称江慎斋[修]先生。
《屈原赋注》引四次，称江先生。
《〈考工图〉记》引三次，称江先生。
《〈顾氏音论〉跋》引一次，称江先生。
《答段若膺论韵》，称江慎修先生一次，称江先生凡八次。

总计东原引江慎修，凡称"先生"二十二次。其中《经考》、《〈考工图〉记》、《屈原赋注》，都是少年之作；《答段若膺论韵》则是东原五十四岁之作，次年他就死了。故东原从少年到临死前一年，凡称引师说，必称先生。

至于"老儒江慎修"一句话，我也曾审查过。东原在两篇古韵分部的小史里——一篇是《声韵考》的《古音》一卷，一篇是《〈六书音韵表〉序》——叙述郑庠以下三个人的大贡献，有这样说法：

> 郑庠……分六部。
> 近[人]昆山顾炎武……列十部。
> 吾郡老儒江慎修永……列十又三部。

这两篇古音小史里，郑庠、顾炎武都直称姓名，而江永则特别称

"吾郡老儒江慎修永",这是表示敬重老师不敢称名之意,读者当然可以明了。

故魏源、王国维提出的证据,一经审查,都是无根据的谣言,都没有作证据的资格。既没有作证据的资格,我们当然不再问这件证据足够证明《水经注》疑案的那一点了。

我再举一句例子。杨守敬在他的《〈水经注疏〉要删》里,曾举出十几条戴氏袭赵氏的"确证",其中有一条是这样的:朱谋㙔的《〈水经注〉笺》卷七,《济水篇》注文引:

> 《穆天子传》曰甲辰天子浮于荥水。

赵氏《〈水经注〉释》的各本都把"甲辰"改作"甲寅",刊误说:

> 甲辰,一清按《穆天子传》是甲寅。

戴氏两种校本也都改作"甲寅"。
杨守敬提出这条作为戴袭赵之证,他说:

> 原书本是甲辰。赵氏所据何本误以为甲寅,戴氏竟据改之(《要删》七,页9)。

杨氏所谓"原书",是指《穆天子传》。天一阁本、《汉魏丛书》本,与今日通行本《穆天子传》,此句都作甲辰。赵东潜说他依据《穆天子传》作甲寅,是他偶然误记了来源。杨守敬说"原书本作甲辰",是不错的。

但杨守敬用这条证据来证明赵氏先错了而戴氏跟着错,故是

戴袭赵之证,那就是杨守敬不曾比勘《水经注》古本,闹出笑话来了。这两个字的版本沿革史,如下表:

残宋本作	甲寅
《永乐大典》作	甲寅
黄省曾本作	甲寅
吴琯本改作	甲辰
朱谋㙔本作	甲辰
赵一清本改	甲寅
戴震本改	甲寅

古本都作甲寅,吴琯本始依《穆天子传》改作甲辰,朱本从吴本也作甲辰。赵氏又依古本(黄氏或孙潜本)改回作甲寅。戴氏依《大典》本改回作甲寅。

杨守敬所见《水经注》的版本太少了,他没有看见朱谋㙔以前的各种古本,脑子里先存了"戴袭赵"的成见,正如朱子说的"先有主张乙底意思,便只寻甲底不是"。他完全不懂得《水经注》问题本来是个校勘学的问题,两个学者分头校勘同一部书,结果当然有百分之九十九以上相同。相同是最平常的事,本不成问题,更不成证据。

杨守敬在他的《凡例》里曾说:

若以赵氏所见之书,戴氏皆能读之,冥符合契,情理宜然。余谓事同道合,容有一二。岂有盈千累百,如出一口?

这句话最可以表示杨守敬完全不懂得校勘学的性质。校勘学是机械的工作。只有极少数问题没有古本古书可供比勘,故须用推理。绝大多数的校勘总是依据古本与原书所引的古书。如果赵戴两公校订一部三十多万字的《水经注》而没有"盈千累百"的相同，那才是最可惊异的怪事哩！

即如上文所举"甲寅"两字的版本沿革，都是校勘学最平常的事，岂可用来作谁偷谁的证据！

我举出这两个例子来表示一班有名的学者怎样轻视考证学的任务，怎样滥用考证学的方法。我最后要举一个极端的例子来做这篇文字的结束。《水经注》卷二十四，《瓠子水》篇有一段文字，前面叙旧东河径濮阳城东北，下文忽然接着说："《春秋》僖公十三年夏会于咸。"凡熟于《水经注》文字体例的人，都知道这两节之间必有脱文，故赵戴两本都在"春秋"上校增"又东，径咸城南"六字，赵氏刊误云：

> 又东径咸城南六字，全氏曰，以先司空公本校增。

杨守敬论此条说：

> 此非别有据本，以下文照之，固当有此六字。此戴袭全之证。(《要删》二十四，页7)

他既说这六字的校增不必有本子的根据，只看下文，即知"固当有此六字"，则是无论谁校《水经注》，都会增此六字了。为什么独不许戴东原校增此六字呢？为什么这六字可以用作戴袭全氏的证据呢？

用证据考定一件过去的事情，是历史考证。用证据判断某人有罪无罪，是法家断狱。杨守敬号称考证学者，号称"妙悟若百诗，笃实若竹汀，博辨若大可"，却这样滥用考证学的方法，用全无根据的证据来诬枉古人作贼。考证学堕落到这地步,岂不可叹!

我们试看中国旧式法家汪辉祖自述他办理讼案是如何敬慎。他说:

> 罪从供定。犯供(犯人自己的供状)最关紧要。然五听之法,辞只一端。且录供之吏难保一无上下其手之弊。据供定罪,尚恐未真(注)。余在幕中,凡犯应徒罪以上者,主人庭讯时,余必于堂后凝神细听。供稍勉强,即属主人复讯。常戒主人不得性急用刑。往往有讯至四、五次及八、九次者。疑必属讯,不顾主人畏难;每讯必听,余亦不敢惮烦也。(《续佐治药言》"草供未可全信"条)

被告自己的供状,尚且未可据供定罪,有疑必复讯,不敢惮烦。我们做历史考证的人,必须学这种谨慎不苟且的精神,才配担负为千秋百世考定史实的是非真伪的大责任。

三十五年,十,六,北平东厂胡同

注 汪辉祖举的"据供定罪,尚恐未真"的实例:"乾隆壬午(1762)八月,馆平湖令刘君冰斋署。会孝丰县民蒋氏行舟被劫,通详缉捕。封印后,余还里度岁。而平湖有回籍逃军曰盛大者,以纠匪抢夺被获,讯为孝丰劫案正盗。冰斋迓余至馆,检阅草供。凡起意纠伙,上盗伤主,劫赃俵分,各条,无不毕具。居然'盗'也。且已起有蓝布绵被,经事主认确矣。当晚嘱冰斋覆勘,余从堂后听之。——输供,无惧色。顾供出犯口,熟滑如背书然。且首伙八人,无一语参差者。心窃疑之。次晚复嘱冰斋故为增减案情,隔别再讯。则或认,或不认,八人者各各歧异,至有号呼诉枉者。遂止不讯。而令库书依事主所认布被颜色新旧,借购二十余条,余私为记别,杂以事主原认之被,嘱冰斋当堂令事主辨认,竟懵无辨识!于是提各犯研鞫,佥不承认。""细诘其故。盖盛大被获之初,自意逃军犯抢,更无生理,故讯及孝丰劫案,信口妄承,而其徒皆附和之。实则绵被为己物,裁制有人。即其(抢夺)本案亦不至于死也,遂脱之。"

"越二年,冰斋保举知府,入京引见。而此案正盗由元和县发觉,传事主认赃。冰斋回任,赴苏会审定案。"(适按:平湖县属浙江嘉兴府,孝丰县属浙江湖州府,元和县属江苏苏州府,故刘君须赴苏会审。)

"初余欲脱盛大时,阖署哗然,谓余枉法曲纵,不顾主人考成。余闻之,辞冰斋,冰斋弗听。余曰:'必欲余留止者,非脱盛大不可。且失赃甚多,而以一疑似之布被骈戮数人,非惟我不忍,……为君计,亦恐有他日累也。'至是,冰斋语余曰:'曩者君力脱盛大,君何神耶!'……余自此益不敢以草供为据矣。"(《续佐治药言》4页至6页。参用《病榻梦痕录》乾隆廿八年记此案,文字稍有删改,使人易晓。)

这篇《考据学的责任与方法》,是民国三十五年写的。今年我重读一遍,觉得还可以收存。我当时因为汪辉祖举例的文字太长,没有全抄。现在我觉得这位刑名大家的"据供定罪,尚恐未真"一条大原则真是中国证据法一个重要理论,而这个大原则是需要举例说明的,所以我全抄汪先生举的一件案子的文字,作为一条小注。(平湖知县刘冰斋,名国烜,奉天人。)

四十九年十二月廿八夜,胡适

治学方法*

在这样的热天,承诸位特别跑到这里来听我讲话,我是觉得非常感激。青年会的几位先生,特地组织这一个青年读书互助会,并且发起一个演讲周,亦非常值得赞赏。在我个人,以为能够几个青年,互助的团结起来,组织读书会,或者一人读一本书,拿心得贡献给其他的会员,或者几个人读一本书,将大家所得到的结果提出来互相讨论,都是非常之好,非常之好的。可是请几个人来讲演,以为这样就达到了读书会的目的,做到了读书的目的,却是未必的。就是读书会的目的,而且这题目也空泛得无人可讲。我们知道,各种学问,都有他治学的方法,比如天文、地理、医学、社会科学,各有各的治学方法,而我居然说"治学方法",包括得如此其广,要讲起来那就是发疯,夸大狂。但是学问的种类虽是如此其多,贯于其中的一个"基本方法",却是普遍的,这个"基本方法",也可以说是,或者毋宁说是方法的习惯,是共同的是普遍的。历史上无数在天文学上,在哲学上,在社会科学上,凡是有大成就的,都是因为有方法的习惯。

---

* 本文为胡适 1932 年 7 月 9 日在北平青年读书互助会的讲演,由菁如记录。载 1932 年 7 月 10 日至 12 日北平《世界日报》。

三百年以前,培根说了句很聪明的话,他说,世上治学的人可分为三种:那就是,第一[种]蜘蛛式的,是靠自己肚子里分泌出丝来,把网作得很美很漂亮,也很有经纬,下点雨的时候,网上挂着雨丝,从侧面看过去,那种斜光也是很美。但是虽然好,那点学问却只是从他自己的肚子造出来的。第二种是蚂蚁式的,只知道集聚,这里有一颗米,把三三两两的抬了去,死了一个苍蝇,也把他抬了去,在地洞里堆起很多东西,能消化不消化却不管,有用没有用也是不管,这是勤力而理解不足。第三种是蜜蜂式的,这种最高。蜜蜂采了花去,更加上一度制造,取其精华而去其糟粕,是经过改造制造出新的成绩的。孔子说过,学而不思则罔,思而不学则殆。蜜峰的方法,是又学又思,是理想的治学方法。

一个人有天才,自然能够使他的事业得到成功,然而有天才的人,却很少很少。天才不够的人,如果能用功,有方法的训练,虽然不敢说能够赶得上天才一样的成就大,而代替天才一部分,却是可以说的。至于那些各种科学的大伟人,那差不多天才与功力相并相辅,是千万人中之一人。

现在说到本题治学,第一步,我们所需要的是工具,种田要种田的工具,作工要作工的工具,打仗要有武器,也是工具。先要把工具弄好,才能开步走。治学最重要的工具就是自己的能力。基本能力,本国的语言文字,我们可以得到本国所有的东西,外国的语言文字,我们可以从中得到外国的智识,得到过去所集聚下来的东西,完全要靠这一方面。其他就是基本智识,从中学到大学,给了我们的都是这东西,这是一把总的钥匙,尽管我们不熟练于证一个几何三角,尽管我们不能知道物理、化学各个细则,但是我们要在必需应用到的时候能够拿来用,能够对这些有理解。再其次就是设备。无论是卖田、卖地、卖首饰,我们总要把最基本的设备弄齐全,一些应用的辞典、表册、目录,是必需的。同时,治学的人差不多是穷士居多,很多的书不能都买全,所以就要知道我们周围的,代替我们设备的有些什么。比如北平的图书馆,那里边有些什么书能够被我们所应用,比方说,协和医校制备些什么专门的书籍,以及某家藏有某种不易得到的秘典,某处有着某种我所需要的设备,这些这些,我们都要看清楚。

第二步就是习惯的养成。这可以分四点来讲:第一是不要懒。无论是工作也好,种田也好,都不要懒,懒是最要不得的,学问更其如此。多用眼,不要拿人家的眼当自己的眼,多用手、耳,甚至多用自己的脚,在需要的时候,就要自己去跑一趟,必须要用自己的眼看过,自己的耳听过,自己的手摸过,甚至自己的脚走到过,这样才能称是自己的东西,才真是自己得来的。如果你要懒,那就要大懒,不要小懒,那意思就是一劳永逸。说我实在懒得不得了,字典又是这样的不好查,那我就自己去作一部字典出来,那以后就可贯彻你的懒,字典拿起来,一翻就翻着。有种种的发明的人,不是大不懒就是大懒。比方说佛教是什么,你必须自己去翻过书;比方说我今天要跑到这里来讲讲辨证法是什么,那你一定用眼、手、脚,把问题弄清楚,作提要作札记,这样即使你是错误的,然而这是你的,不是别人的。

第二是不苟且,上海人所谓不拆烂污。我们要一个不放过,一句不放过,一点一画不放过,在数学上一个"○"也不放过。光是会用手,用脚,那是毛手毛脚没有用,勤要勤得好,不要勤得没有用。如果我有权,能够命令诸位一定读那本书,我就要诸位读《巴斯德传》,他就是不苟且,他就是注意极小极小百万分、千万分之一的东西。一坛酒坏了,巴斯德找出了原因,是一点点小的霉菌的侵入。一次,蚕忽然都得了病,差不多就损失到二万万佛

〔法〕郎,那原因就是在于一点点的百万分千万分之一的一个小黄点,那是要用显微镜才能看得出来的,后来找着了病,又〔费〕了几年之力,又找着了他的治法。那就是蚕吐了丝之后,变蛹、变蛾,然后蛾再生卵,就用这个蛾钉起来,弄干,拿显微镜照,如果蛾的身上发现了那种极小极小的黄点,那这个蛾所产的卵都把他烧了,就用了这个方法,省去了无数的不必要的损失,这就是一点不放过,一点不放过才能找出病源,这是正确,这是细腻。

第三点就是不要轻于相信人家。"先小人而后君子"。所谓"三个不相信,出个大圣人"。我对这话非常佩服。所谓"打破砂锅问到底"。都是告诉我们要怀疑,不要太迷信了自己的手眼,要相信比我们手眼精确到一百万倍、一千万倍的显微镜望远镜,不要轻于相信马克思、列宁,不要相信蔡元培,或者相信一个胡适之,无论有怎样大的名望的人,也许有错。为什么人家说六月六洗澡特别好,当铺里也要在六月六晒衣服,为什么?我们不要轻于相信有许多在我们脑子里的知识。许多小孩子时代,由母亲、哥哥、姐姐,甚至老妈子、洋车夫告诉给我们的,或者是学堂里的老师〔告诉给我们的〕。阿毛、阿狗告诉你的不一定对,王妈、李妈也不一定对,周老师、陈老师说的话也许有错,我们说"拿证据来"!鬼,我们自然不相信了,但是许多可信程度与鬼差不多的,我们还在相信,这不好。"三个不相信,出个大圣人"!这是谦卑,自以为满足了,那就不需要了,也就没有进步了。我们要有无穷尽的求知欲,要有无穷尽的虚。什么是虚?就是有空的地方,让新的东西进去。总上所说,习惯养成的大概就是如此。有了习惯的养成,才能去做学问。

我们普遍都知道的有什么归纳法、演绎法,归纳是靠现成的材料把他集合起来,而演绎法则是由具体的事物推测到的新的结果。打个比方,今天,我们在团体和大礼堂讲演,就拿治病来说,某病用某药,某病用某药,都是清清楚楚。但为什么这就是猩红热,而不是虎列拉,不是疟疾,那就是因为我们知道病理生理,那我们就可以知道某部分损害了,就可以得出某种结果,就可以从旧的智识里得出新的结论。要做到这步,必须要有广博的智识。古人说,开卷有益。古人留下来的一些现成东西我们为什么不去求? 不仅是自己本行内的智识要去求,即是不与本行相反的也要去求。王荆公说:"致其知而后识。"所以要博。墨子、老子的书,从前有些不能懂,到了嘉庆年间算学的传入知道里边也有算学,随后光学、力学传入,再以后逻辑学、经济学传入,才知道《墨子》里面也有光学,也有力学,以及逻辑学、经济学。越是知道得多,了解一个事物一个问题越深。头脑简单的人,拿起一个问题很好解决,比方说社会不好,那干脆来个革命,容易得很,等到知道得多一点,他解决的方法也就来得精密。巴斯德,他是学有机化学,发明霉菌,研究得深了,那这一学问就牵涉到一切的学问上去,和生理学、地质学等等都可以发生关系。因为他博,所以蚕病了他可以治,酒酸了或醋不酸了,他也可以治,其实他并没有研究过蚕酒学,动物学家也许不能治他能治。据说牛顿发明"万有引力",是因为见到苹果掉在地上,我们也都看见过苹果落在地上,可是我们没有发明"万有引力"。巴斯德说过(讲学问我总喜欢说到巴斯德):"在考查研究范围之内,机会,帮助有准备的心。"牛顿的心是有准备的,我们则没有准备。从前我看察尔斯的《世界史纲》,觉得内容太博,这里一个定理,那里一个证明,抓来就能应用,真是左右逢源,俯拾即是。其次,我们就要追求问题。一些有创造有发明的人,都是从追求问题而来。如果诸位说先生不给问题,你们要打倒先生,学校里没有设备供你们解决问题,你们要打倒学校。这是千对万对,我是非常赞成,就是因为追求问题是千对万对。我举一个例,有一天我上庐山,领了一个小孩子,那小孩有七八岁。当时我带了一副骨牌,三十二张的骨牌,预备过五关消遣。那小孩就拿骨牌在那里接龙,他告诉我把三十二张骨牌接起来,一定一头是二,一头是五。我问他试过几回,他说试过几回,我一试,居然也如此,这就是能提出问题。宇宙间的问题,多得很,只要能提出问题,终究就能得到结果。自然骨牌的问题是很好解决,就是牌里面只有二头与五头是单数,其他都是双数。问题发生,就得到新的发现,新的智识。有一次我给学生考逻辑学,我说,我只考你们一个问题,把过去你们以自己的经验解决了问题的一件事告诉我。其中一个答得很有意思。他晚上看小说,煤油灯忽然灭了,但是灯里面还有油,原因是灯带短吸不起油。这怎么办呢,小说不能看完。如果灯底下放两个铜子垫起来,煤油也仍是不会上来的。他后来忽然想起从前学校里讲过煤油是比水轻,所以他就在里边灌上水,油跑到上面,灯带吸着油,小说看完了。这就是从实际里提出问题得到的新学问。所以无论是学工业、学农业、学经济,第一就是提出问题,第二就是提出许多假定的解决,第三就提出假定解决人(甲、乙、丙),最后求得证实。如果你不能从旧的里面得出新的东西来,以前所学即是无用。所谓"养兵千日用在一朝",就如我说煤油灯这一个故事。

最后还要说一点,书本子的路,我现在觉得是走不通了,那只能给少数的人,作文学,作历史用的,我们现在所缺的,是动手。报纸上宣传着学校里要取消文科、法科,那不过是纸上谈兵,事实上办不到,如果能够办到,我是非常赞成,我们宁可能够打钉打铁。目不识丁,不要紧,只是在书堆里钻,在纸堆里钻,就只能作作像。我胡适之这样的考据家,一点用没有。中国学问并不是比外国人差,其实也很精密,可是中国的顾亭林等学者在那里考证音韵,为了考证古时这个字,读这个音不是读那个音,不惜举上一百六十七个例!可是外国牛顿,他们都在注意苹果掉地,在发明望远镜、显微镜,看天看地,看大看到无穷,看小也看到无穷,能和宇宙间的事物混作一片,那才是作学问的真方法。

　　到这里差不多讲完了。在上面我举了培根所说的三个畜生,这里我再加上一对畜生,来比方治学的方法。你们都知道龟兔赛跑的故事,兔子虽然有天才,却不能像乌龟那样拼命的爬,所以达到目的的是乌龟而不兔子。治学的方法也是如此,宁可我们没有天才拼命的努力,不可自恃天才去睡一大觉,宁可我们作乌龟,却不可去当兔子。所以我们的口号是:"兔子学不得,乌龟可学也!"自然最好是能够龟兔合而为一。

外国人差,其实也很精密,可是中国的顾亭林等学者在那里考证音韵,为了考证古时这个字,读这个音不是读那个音,不惜举上一百六十七个例!可是外国牛顿,他们都在注意苹果掉地,在发明望远镜、显微镜,看天看地,看大看到无穷,看小也看到无穷,能和宇宙间的事物混作一片,那才是作学问的真方法。

到这里差不多讲完了。在上面我举了培根所说的三个畜生,这里我再加上一对畜生,来比方治学的方法。你们都知道龟兔赛跑的故事,兔子虽然有天才,却不能像乌龟那样拼命的爬,所以达到目的的是乌龟而不兔子。治学的方法也是如此,宁可我们没有天才拼命的努力,不可自恃天才去睡一大觉,宁可我们作乌龟,却不可去当兔子。所以我们的口号是:"兔子学不得,乌龟可学也!"自然最好是能够龟兔合而为一。